O que a
BALEIA SHAMU
me ensinou sobre
VIDA, AMOR e CASAMENTO

Amy Sutherland

O que a
BALEIA SHAMU
me ensinou sobre
VIDA, AMOR e CASAMENTO

Tradução
Alice Xavier

CIP-BRASIL. CATALOGAÇÃO-NA-FONTE
SINDICATO NACIONAL DOS EDITORES DE LIVROS, RJ.

S967q Sutherland, Amy
O que a baleia Shamu me ensinou sobre vida, amor e casamento: lições dos animais e seus treinadores para todos nós / Amy Sutherland; tradução Alice Xavier. - Rio de Janeiro: BestSeller, 2008.

Tradução de: What Shamu taught me about life, love, and marriage
Contém glossário
ISBN 978-85-7684-142-5

1. Tipologia (Psicologia). 2. Animais - Aspectos psicológicos. 3. Relações humanas. 4. Relações homem-animal. 5. Animais - Adestramento. I. Título.

08-3167

CDD: 158.2
CDU: 159.9:316.47

Título original norte-americano
WHAT SHAMU TAUGHT ME ABOUT LIFE, LOVE, AND MARRIAGE
Copyright © 2008 by Amy Sutherland
Copyright da tradução © 2008 by Editora Best Seller Ltda.
Publicado mediante acordo com Random House.

Capa: Sense Design
Editoração eletrônica: Abreu's System

Todos os direitos reservados. Proibida a reprodução,
no todo ou em parte, sem autorização prévia por escrito da editora,
sejam quais forem os meios empregados.

Direitos exclusivos de publicação em língua portuguesa
para o Brasil adquiridos pela
EDITORA BEST SELLER LTDA.
Rua Argentina, 171, parte, São Cristóvão
Rio de Janeiro, RJ – 20921-380
que se reserva a propriedade literária desta tradução

Impresso no Brasil

ISBN
978-85-7684-142-5

PEDIDOS PELO REEMBOLSO POSTAL
Caixa Postal 23.052
Rio de Janeiro, RJ – 20922-970

*Para os animais, especialmente
o animal humano com quem
me casei, Scott.*

SUMÁRIO

Introdução   9
  1 Gente também é animal   15
  2 Toda interação é treinamento   27
  3 O zen e o treinamento de animais   45
  4 Conheça sua espécie   63
  5 Por que parei de reclamar   79
  6 As normas do reforço positivo   105
  7 Pequenos passos   127
  8 A situação de mínimo reforço   143
  9 A alegria dos comportamentos incompatíveis   159
  10 Trabalhando com grandes felinos   171

Epílogo: A vida depois de Shamu   185
Agradecimentos   197
Glossário   201
Sobre a autora   205

INTRODUÇÃO

Sentada à minha mesa de trabalho no Maine, nesta manhã de verão, ouço o vizinho idoso pigarrear com excesso de entusiasmo, enquanto seu carro atravessa o portão da garagem. Uma sirene toca; alguém bate uma porta de carro. Mal percebo esses sons triviais, cotidianos, pois meus olhos estão fixados na extraordinária e delicada dança subaquática que está acontecendo a quilômetros de distância. A silhueta escura de um nadador em roupa de neoprene — não consigo saber se é homem ou mulher — mergulha no centro de uma piscina funda. Atrás do nadador, uma orca desliza pelo tanque e sua barbatana dorsal se alteia como uma vela. Acima do animal, suas manchas pretas e brancas, bem definidas, refletem-se na água da superfície.

Graças a uma câmera digital, vejo o cintilante tanque do espetáculo do SeaWorld de San Diego. Melhor dizendo, posso ver abaixo da superfície da piscina de 25 milhões de litros, uma perspectiva totalmente distinta daquela que têm os espectadores presentes neste momento, no Shamu Stadium. Tenho o que se poderia chamar de visão de caranguejo. Aquele é um mundo muito azul. A água fria tem a cor do lápis-lazúli, mas as sombras se iluminam ou escurecem à medida que o sol se desloca acima dela. As pedras do fundo do tanque têm o tom profundo de um céu noturno sem estrelas. Uma luz azul-turquesa se espalha estilhaçada pelo fundo branco do tanque, ao sabor do movimento da água. Até a baleia assassina projeta uma sombra azulada enquanto descreve círculos pelo tanque. Hoje há somente uma baleia na água, mas já vi duas e até mesmo três. Já vi filhotes, observei-os roçar as costas pelas pedras e expelir bolhas do tamanho de balões. Alguns gostam de percorrer a piscina de costas, com a barriga de um branco perolado voltada para cima. Uma baleia tem manchas brancas em forma de leque. Quando as baleias nadam para junto da câmera, e sua barriga de repente enche a tela, não consigo conter uma exclamação. Meus cachorros levantam a cabeça, virando para mim os olhos brilhantes e curiosos. No andar de baixo, em sua mesa de trabalho, meu marido pergunta: "O que foi?".

Entretanto, nada se compara a um treinador no tanque. Com as perninhas batendo e os braços acenando, os treinadores, tomados em proporção com as baleias de quatro toneladas, parecem aranhas-d'água. Não consigo tirar os olhos dessas duas criaturas totalmente diferentes trabalhando em cooperação. E assim permaneço grudada à tela enquanto a baleia manobra seu arcabouço, segue na direção do nadador e lhe empurra sob os pés o largo bico preto.

―

Admito que estou adiando a tarefa: eu deveria estar escrevendo este livro que você lê agora. Mas a visão cibernética e transcontinental de um animal de muitas toneladas em sintonia com um ser humano relativamente minúsculo é uma razão de adiamento muito pertinente. Ela me lembra o quanto mudei.

Sou uma pessoa completamente diferente do que era há três anos. Meus amigos e minha família talvez não tenham percebido, mas às vezes mal me reconheço. Minha visão de mundo tornou-se mais otimista; estou menos crítica; tenho muito mais paciência e autocontrole; observo mais; tenho um relacionamento melhor com os outros, principalmente com meu marido. Sinto uma paz de espírito vinda do fato de encontrar mais sentido no mundo.

O que causou essa mudança? Terapia? Não. Estimulantes? De jeito nenhum. Ioga? Nem pensar. Um despertar religioso? Mais uma vez, errado. Acupuntura? Decididamente, não.

Descobri uma escola de adestradores de animais exóticos e escrevi um livro sobre eles. Foi isso.

O engraçado é que eu não estava procurando mudança, mas ela sempre dá um jeito de me encontrar. Em minha carreira de jornalista, descobri cedo que o assunto sobre o qual escrevia, fosse ele o plantio de uvas ou o jazz de vanguarda, acabava por me impregnar até certo ponto. Quando escrevi um livro sobre o mundo dos concursos de culinária nos Estados Unidos, não tardei a começar a imaginar e sugerir receitas. Quando trabalhei em uma série sobre violência doméstica, comecei a ter pesadelos. Decidi que, se eu era tão influenciável, precisava evitar os temas mais sombrios. Com temas complexos, eu lidaria; com os profundamente perturbadores, não.

Para escrever meu segundo livro, observei durante um ano os alunos participantes do Programa de Treinamento e

Gerenciamento de Animais Exóticos do Moorpark College, a Harvard dos adestradores de animais. Acabei adquirindo não só um bronzeado californiano, mas também um novo respeito pelos animais que se alimentam de restos, além de ter reunido material suficiente para um livro e de ter conquistado algo que nunca esperei: uma visão inteiramente nova da vida.

Enquanto trabalhava no livro, enchia os ouvidos de amigos e parentes e qualquer um que me escutasse por meio minuto com a grande sabedoria que havia encontrado junto aos treinadores de animais. Meus amigos — que já tinham me escutado tagarelar sobre a forma de cortar a carne em cubos no preparo de um picadinho de concurso, quando escrevia o livro *Cookoff* — balançavam a cabeça, se divertindo. Desconfio que pensassem: "Lá vai ela de novo." Às vezes, eles me interrompiam para perguntar "Quando sai o livro?", na esperança de que o prazo final não tardasse e de que eu logo me ocupasse de outro tema.

Meu marido, que ama os animais tanto quanto eu e tem bastante conhecimento sobre adestramento, era muito mais receptivo e nem fez piada quando comecei a usar termos como "comportamento incompatível" ou "tendência instintiva". Mas nem mesmo ele entendeu a princípio o que eu estava fazendo — começara a usar as técnicas de treinamento de animais, só que eu as estava usando nos colegas da espécie. E em ninguém menos que meu lindo marido.

Passado algum tempo, escrevi uma coluna para o *New York Times* sobre como havia melhorado meu casamento ao raciocinar como um adestrador de animais. Para minha surpresa, o mundo inteiro parou e prestou atenção. Depois de ser ignorada por meus amigos, subitamente me vi assediada por pedidos de entrevistas mundo afora — do Brasil, da Irlanda, da Espanha, do Canadá. Só da Austrália quatro repórteres me chamaram. Minha caixa de entrada ficou cheia de e-mails elogiosos. Fui parar no *Today Show*. Hollywood me chamou. Na lista das matérias do *Times* mais enviadas por correio eletrônico, minha coluna foi para o topo, e ali permaneceu por dias, semanas e acabou sendo o texto mais enviado em 2006. Quando a poeira baixou, eu tinha um acordo para um filme e um contrato para transformar em livro minha coluna do *Times*.

Nunca esperei escrever este livro ou qualquer coisa semelhante. Mas também nunca esperei que o treinamento de animais fosse me transformar. Não sou terapeuta, nem ministra religiosa, nem especialista de qualquer área. Sou jornalista. O que tenho a oferecer é minha história pessoal, como uma espécie de Alice que tropeçou e foi cair num País das Maravilhas onde leopardos são levados pela coleira, hienas fazem piruetas quando mandadas e babuínos andam de skate. A heroína sai desse país com uma nova visão do casamento, dos homens, dos seres humanos e da vida. Minha experiência pode lhe dar matéria para refletir, motivo para rir, uma pequena dose de filosofia, uma maneira de resolver pequenos problemas que não valem uma visita ao psiquiatra, mas, mesmo assim, incomodam. Ou pode mudar você da cabeça aos pés.

O mundo é cheio de surpresas — vejo a prova na minha frente.

Com a cabeça da baleia sob os pés, o treinador cola os braços à lateral do corpo enquanto Shamu o empurra pela água. É uma visão mágica, ainda mais porque os dois passam velozmente pela câmera digital. A cabeça do treinador corta a água e é a primeira coisa a se tornar visível. Agora posso ver que se trata de uma mulher. Um rabo-de-cavalo louro desce pelas costas dela. Com o rosto virado para frente, ela parece a figura de proa de um barco. Uma fila de pequenas bolhas escapa pelo canto de sua boca. O corpo esticado, horizontal, vem atrás. Então vejo os pés dela, que ainda estão delicadamente equilibrados sobre o rostro do maior predador do oceano. O corpo volumoso e lustroso de Shamu, com suas duas toneladas, enche as lentes da câmera e desaparece. Mesmo sem ver mais as duas figuras, sei o que estão fazendo, irrompendo do tanque como deusas aquáticas que todos os espectadores no estádio vão aclamar, e aplaudir, e diante das quais se maravilhar — como faço em minha mesa de trabalho — com o que parece impossível, mas não é.

1
GENTE TAMBÉM É ANIMAL

Enquanto lavo a louça na pia da cozinha, às minhas costas meu marido fica andando de um lado para outro, irritado. "Você viu minhas chaves?", ele rosna, para em seguida soltar um profundo suspiro e sair da cozinha pisando duro, com nossa cadela Dixie nos calcanhares. Ela aguarda, ansiosa, sua disputa humana favorita.

Noutros tempos, eu teria logo saído atrás, depois de Dixie. Teria fechado a torneira e me reunido a Scott na procura, tentando acalmá-lo com clichês animadores do tipo "Não se preocupe, elas vão aparecer!". Talvez ainda desse um típico palpite de esposa sobre como não perder as chaves, para início de conversa. Ou, se eu estivesse irritada, retrucaria asperamente: "Ah, pega leve." Independentemente de minha reação, Scott ficaria cada vez mais zangado, e a mera perda temporária de chaves logo se transformaria num drama angustiado, estrelado por nós dois e nossa pobre e nervosa Dixie, uma fêmea de pastor australiano. Só Penny Jane, a sossegada mestiça de border collie, era bastante esperta para ficar de fora do espetáculo.

Agora, concentro a atenção no prato molhado em minhas mãos. Não me viro, não digo uma palavra sequer. Estou adotando a técnica que aprendi com um treinador de golfinhos.

Eu amo meu marido. Com sua pele clara e sua farta cabeleira castanha, ele tem uma característica beleza nórdica. Scott é culto e aventureiro e imita de forma hilariante o sotaque do norte de Vermont, o que ainda me faz rolar de rir, mesmo depois de 14 anos de casamento. Temos muitos gostos em comum: cachorros, jazz, hambúrgueres ao ponto, uísque de boa qualidade, longas caminhadas, a cor laranja. Mas ele também consegue me dar nos nervos. Enquanto tento me concentrar nos afazeres domésticos, ele fica me rondando na cozinha e perguntando se li esse ou aquele artigo na *The New Yorker*. Devora caixas de biscoitos e principalmente as barras de caramelo que a mãe lhe envia de Minnesota e depois me diz: "Achei que você tivesse acabado com elas." Ele deixa bolas de lenços de papel dentro do carro. Avança o sinal vermelho, que chama de "amarelo longo". Sofre de sérias crises de surdez conjugal, mas nunca deixa de me escutar quando estou do outro lado da casa, falando em voz baixa comigo mesma. "O que você disse?", pergunta num berro. "Nada não", grito de volta. "O quê?", insiste.

Esses pequenos aborrecimentos não justificam separação e divórcio, mas, no conjunto, foram arrefecendo o amor que tenho por Scott. Às vezes, ao olhar para ele, eu não conseguia ver o nativo esbelto de Minnesota que tanto adorava, mas um irritante monstro devorador de biscoitos, meio surdo, que saía espalhando lenços de papel usados por aí. Naqueles momentos, ele deixava de ser meu marido para se converter numa mosca em escala humana, que me infernizava, entrando em meu nariz, pousando no molho em cima do fogão, zumbindo pela minha vida afora.

Assim, a exemplo de tantas esposas antes de mim, ignorei uma biblioteca inteira de conselhos e parti para aperfeiçoá-lo. Naturalmente, por meio de reclamações, que em geral surtiam o efeito contrário ao desejado: seus sapatos enormes, tamanho 44, continuavam empilhados na porta da frente; ele passava muito tempo sem cortar os cabelos e continuava a enfiar de volta na geladeira as caixas de leite vazias. Eu tentava dar sugestões bem-humoradas como "Você é um cara bonito, mas, com essa barba por fazer, ninguém nem repara". Em geral, isso dava motivo para mais dois dias longe do barbeador. Eu tentava propostas diplomáticas como "Que tal a gente prometer não largar mais a roupa suada por aí?". "Deixa comigo", concordava amavelmente meu marido, e então passava batido pela fétida roupa de ciclismo que largara no chão do quarto.

Eu, mulher moderna, tentei ser direta, perguntando em voz neutra de robô: "Você poderia dirigir mais devagar, por favor?". Mesmo essa abordagem era contraproducente, pois na singela pergunta meu marido enxergava uma acusação ou uma ordem, e então pisava ainda mais fundo no acelerador. Quando tudo mais falhava, eu começava a gritar e nós brigávamos.

Decidimos fazer terapia de casal com o propósito de aparar as arestas do casamento. A terapeuta, uma mulher pequenina e ossuda que tomava notas num bloco de rascunho, não entendia o que estávamos fazendo ali e elogiou repetidas vezes nossa excelente comunicação. Acabei jogando a toalha. Achei que a mulher tinha razão — nossa união era melhor que a maioria — e me limitei ao ocasional comentário sarcástico e ao ressentimento crescente.

Foi então que aconteceu algo mágico: conheci o adestramento de animais.

———

Descobri o mundo do adestramento de animais há quase dez anos, quando trouxemos para casa uma cadela pastor, Dixie, de dois meses de idade e cinco quilos de energia peluda e vermelha. Foi como acender um busca-pé dentro de casa: ela ficava pulando de um cômodo a outro com um ou dois brinquedos pendurados na boca. Abri mão da meditação matinal para começar minha tarefa diária de cansar a cachorrinha, que me ocupava do nascer do dia até depois do pôr do sol. Antes mesmo de me vestir ou fazer café, sentava-me no chão com as pernas cruzadas, segurando um tapete que imitava pele de cordeiro, e chamava: "Vem, vem pegar." Dixie se jogava no tapete e, com os olhos cor-de-âmbar a cintilar, o arrancava de minhas mãos, e cada uma de nós puxava o pelego com toda força. Fizemos esse jogo tantas vezes que o tapete acabou reduzido a um trapo coberto de baba.

Pela primeira vez na vida aprendi a lançar direito uma bola, e depois um *frisbee*. De tanto jogar bolas e discos, e caminhar, acabei precisando diminuir o manequim das calças. Quando Dixie não estava puxando, lutando ou correndo, dormia profundamente embaixo de uma mesa, onde não podíamos acariciá-la. Se nos púnhamos de quatro e nos esticávamos para tocá-la, fazia cara de amuada, como um atleta olímpico despertado do sono reparador. Então, com a ajuda das patas dianteiras, movia-se para fora de alcance. A seu ver, afago era coisa de cachorro mimado.

Embora eu ache que para Dixie nós fôssemos uma decepção, como para a realeza podem ser os plebeus, tínhamos o bom senso de ver que um cão pastor necessita de ocupação. Portanto, fomos procurar um curso de agilidade canina, no qual o dono aprende a conduzir seu cão por uma variada pista de obstáculos composta de túneis, barreiras e gangorras. Na época, só encontramos uma treinadora para essa atividade exótica na região de Portland, Maine. No entanto, antes de chegar a fazê-lo, era preciso freqüentar um curso de treinamento de filhotes.

Se essa treinadora adotasse técnicas tradicionais de prender o cão na trela, e empurrar e puxar o animal para todo lado, acho que essa história teria terminado ali mesmo. Para mim, quase não há magia nem imaginação nessa abordagem superada. Mas tive sorte, pois a treinadora usava técnicas progressivas, positivas, baseadas numa filosofia totalmente diversa. Em vez de aprender a mandar em nossos filhotes, transformando-os em cães obedientes, aprendemos a nos comunicar e a cooperar com eles. Ela não nos ensinou apenas como fazer nossos cães se sentarem, e sim como pensar sobre nossos companheiros caninos.

No meio do divertido caos das aulas para filhotes — latidos, trelas emaranhadas, bate-bocas de casal —, descobri um desafio intelectual e pessoal com o qual não contava. Encontrei uma nova pessoa em mim, com muito mais paciência e autocontrole. Aprendi a ser precisa e observadora, a ensinar à cachorrinha o que eu queria, em vez de o que eu não queria. Aprendi a não tomar como pessoal nenhuma de suas ações, nem mesmo quando ela rasgou meu short por pura excitação. Tudo isso em seis semanas de curso de adestramento de filhotes.

Também comecei a me comunicar com outras espécies, uma emoção que não há como subestimar. Eu nos inscrevia em um curso atrás do outro — tinha ficado viciada. Tão viciada que, ao me ver no cenário que reproduzia Paris no *set* de filmagem de *102 Dálmatas*, para uma matéria de revista, passei todos os momentos livres com os treinadores de animais, conversando sobre coisas como o modo de ensinar um papagaio a cavalgar um buldogue e como evitar que o cachorro fique agitado cada vez que as asas do pássaro lhe roçarem as costas. Para minha surpresa, todos os treinadores tinham formação universitária em adestramento de animais exóticos. Eles haviam estudado numa faculdade particular nos arredores de Los Angeles, escola que diziam ser de excelente reputação, além de ser a única a oferecer um programa desse teor. De volta para casa, ensinei Dixie a trazer para dentro o jornal de domingo, anotei num papel o nome da escola e joguei-o na minha pasta de idéias.

———

Em 2003, comecei a elaborar um livro sobre essa escola. Durante um ano dividi-me entre o Maine e a Califórnia, onde observei os alunos do Programa de Treinamento e Gestão de Animais Exóticos do Moorpark College. Lá, passava meus dias observando os estudantes fazerem o que parecia impossível: ensinar um lince a oferecer a pata para lhe cortarem as unhas, um camelo a fazer cestas no basquete, um babuíno a entrar numa caixa e fechar a tampa atrás de si. Cada dia no zoológico do treinamento era recheado de inúmeras lições, desde a forma de segurar uma jibóia até como falar com um lobo. De tanto observar os alunos, acabei praticamente me tornando um deles. Aprendi a não olhar os primatas nos olhos, a caminhar com tranqüila confiança enquanto passeava com um puma, a nunca me aproximar muito de qualquer cercado, principalmente o dos grandes carnívoros. Aprendi que, quando Zulu, o mandril, balançava a cabeça para mim, ele estava dizendo "Afaste-se". Quando Rosie, a fêmea de babuíno, jogava beijos, estava dizendo "Oi, amiga". Quando a ema Julieta fazia um ruído de percussão no peito, estava inquieta.

Aprendi a linguagem dos treinadores de animais, o que eles queriam dizer quando falavam sobre A-para-B (ensinar um animal a se mover de um lugar a outro) ou mirar um alvo (fazer o animal pressionar o focinho contra alguma coisa). Se alguém me dizia que havia acabado de ser arrumado por um mico-de-cheiro, eu sabia que a pessoa tinha se sentado junto à jaula, levantado os braços e deixado o animal lhe passar sobre a pele os dedos escuros. Aprendi o que é a *contagem positiva* (verificar se o animal estava em seu alojamento) e que E.C. é a sigla para "Enriquecimento Comportamental", ou seja, qualquer coisa que torne mais estimulante a vida do animal, seja um brinquedo ou um passeio na trela. Como o treinamento acaba sendo um dos aspectos que tornam interessante a vida do animal, você pode ensinar a ele um A-para-B para lhe dar E.C.

Eu absorvia as expressões deles, como "voltar para o jardim-de-infância", forma simplificada de descrever um animal com dificuldade de aprender um comportamento, e cujo treinador precisa recuar algumas etapas do treinamento. "Treinar qualquer animal como se fosse uma orca" significa trabalhar com cada animal como se você não pudesse movê-lo ou dominá-lo pela força. A afirmativa "A culpa nunca é do animal" é exatamente o que parece: se o animal fracassa no treinamento, a culpa é do adestrador. Uma de minhas fórmulas favoritas era "Tudo que tem boca morde". Escrevi essa expressão em letras maiúsculas, para minha pesquisa e também para mim. Por quê? Não tinha certeza. Aquilo soava meio filosófico. Também era tolo, mas tinha muita lógica, como uma forma engraçada de lembrar que a Mãe Natureza pode ser uma grande niveladora. Um animal lindo e fofinho pode lhe morder com a mesma desenvoltura de um mal-encarado. Da mesma forma, para o animal não faz diferença se você é angélico como Madre Teresa, ou asqueroso como Calígula. Auras luminosas, boas intenções e santidade não significam muito no reino animal.

Portanto, muito daquilo que aprendi na escola fazia sentido mesmo fora de seus portões. Esse lugar onde se fecha o grande fosso que separa homens e animais atraiu minha imaginação como nada até então o havia feito. Cada visita me fez ver como o mundo natural é complicado, estranho e fantástico. Senti minha mente se abrir na tentativa de absorver tudo aquilo.

Eu acompanhava os alunos nas aulas e depois nas instalações do zoológico de treinamento onde eles praticavam com um texugo ou um leão, ou com o misterioso binturongue, um animal das florestas tropicais parecido com um guaxinim que toma anabolizante. Eu via uma aluna ensinar um babuíno cinzento a aceitar que lhe passasse creme nas mãos, enquanto outro aluno ensinava um mico a desembaraçar a comprida guia quando esta se emaranhava durante a caminhada; um terceiro aluno instruía uma fêmea de tigre de Bengala a entrar, quando ordenado, em sua piscina infantil. Eu acompanhava o grupo ao treinamento de campo e ali ouvia, maravilhada, os treinadores profissionais explicarem como ensinavam um golfinho a bater as nadadeiras ou uma íbis a voar em direção a eles. Num alojamento particular no sul da Califórnia, tomei notas à luz mortiça do final do dia enquanto seis elefantes, obedecendo a ordens, formaram uma fila, urinaram, viraram-se para a esquerda em uníssono, ligaram-se tromba com cauda e em fila indiana foram entrando, bamboleantes, no celeiro em que passariam a noite. Em Cincinnati vi um leopardo na coleira sentar-se calmamente à mesa, ao lado da treinadora, enquanto a mulher fazia uma conferência diante da platéia fascinada. Num congresso em Baltimore ouvi de treinadores a descrição de como haviam ensinado arraias pintadas a nadar até um cocho para se alimentarem.

Não sei em que momento aconteceu, mas com o tempo intuí que, se os treinadores podiam realizar tais maravilhas com arraias pintadas, babuínos e golfinhos, seus métodos não poderiam ser aplicados a outra espécie — a humana? A meu ver, o salto não era tão grande. Ao observar, pensar e ler sobre o comportamento animal, eu havia descoberto muito sobre o comportamento de minha própria espécie. Como um tipo de antropomorfismo reverso, não pude deixar de ver paralelismo, sobretudo com os primatas, mas também com todos os animais, até mesmo o urubu-de-cabeça-vermelha, que, como nós, toma banho de sol. De fato, pessoas são mais complicadas que animais; porém, talvez não tanto quanto supomos. À medida que se expande o campo relativamente novo do comportamento animal, um número cada vez maior de pesquisas mostra que os animais são tudo menos organismos sem atividade mental, movidos só pelo instinto. Características antes consideradas exclusivas dos humanos, como o uso de ferramentas e a colaboração, foram encontradas em outros primatas e agora também em pássaros e peixes. Garoupas e moréias caçam em grupo, enquanto os corvos são muito hábeis com um pedaço de arame.

Complicados ou não, nós, os *Homo sapiens*, os mais desenvolvidos dos primatas, o topo da cadeia alimentar, espécie de espantoso sucesso, somos afinal membros do reino animal, gostemos disso ou não. Os adestradores de animais mostraram-me que há regras universais de comportamento que se manifestam em todas as espécies. Por que deveríamos ser diferentes?

Comecei a levar para casa o que aprendia no zoológico de treinamento. Quando meu marido fazia alguma coisa que me desagradava, eu pensava: "O que faria um treinador de animais exóticos?" Quando eu me desentendia com algum parente, fazia o mesmo. Se o atendente do correio me criava dificuldades, idem. Isso pode parecer ridículo, admito. De fato, no início eu pensava nisso como uma experiência boba, mas os primeiros resultados foram tão convincentes que persisti.

E então? Treinei o marido e os amigos para se sentarem e ficarem quietos? É claro que não. Qual seria a vantagem disso? Certo, seria um truque divertido numa festa, principalmente se pudesse ensiná-los a cacarejar e ciscar como galos quando eu mandasse. Meu objetivo, no entanto, não era obrigar as pessoas a se curvarem à minha vontade, e sim me situar melhor nas interações e relações humanas que me preenchem os dias. O engraçado é que acabei por aprender algumas lições bastante óbvias, como ter mais paciência com meu marido, na verdade com todo mundo, algo que eu poderia ter aprendido num livro de auto-ajuda ou em meia sessão de terapia. Mas, se eu tivesse ouvido essas palavras sábias de um terapeuta ou se as tivesse lido num eloqüente manual ilustrado com carinhas felizes, teria pensado "mas que coisa mais óbvia", e, em seguida, perderia a paciência com alguém. Mesmo que tivesse devorado um manual de treinamento de golfinhos, ainda não teria tido a inspiração de mudar. Mas ter aprendido, na verdade, ter visto essas lições óbvias por intermédio de leões-marinhos, raposas do deserto, gaviões e micos, aguçou minha imaginação e tornou estimulante e até mesmo divertido o auto-aperfeiçoamento. Em vez de pensar "Não diga que ele é desmiolado", eu me perguntava: "O que faria um treinador de golfinhos?"

E é isso que estou fazendo neste exato momento em que meu marido agitado procura suas chaves.

———

A resposta é: não faria nada. Os treinadores de golfinhos, assim como todos os que aplicam treinamento progressivo, recompensam o comportamento desejado e ignoram o comportamento indesejável. Portanto, estou ignorando o comportamento que não desejo — a irritação crescente de Scott. Nem mesmo sugiro lugares onde procurar. Em vez disso, com a boca fechada, concentro-me na tarefa de enxaguar um prato. Parada diante da pia, escuto meu marido bater a porta de um armário, remexer os papéis sobre uma cômoda do hall de entrada e subir a escada a passos duros. Coloco aquele prato na lava-louças e passo água em outro prato. Então, como esperado, tudo fica em silêncio.

Um momento depois Scott entra na cozinha com as chaves na mão, dizendo calmamente: "Achei."

Sem me virar, respondo: "Legal, até mais tarde."

Lá se vai ele, com nossa cadelinha bem tranqüila. Evitado o drama, tenho vontade de jogar uma sardinha para Scott e talvez uma para mim também. Não é fácil raciocinar como um treinador de animais exóticos.

2
TODA INTERAÇÃO É TREINAMENTO

Quando revelei ao mundo que havia usado técnicas de adestramento para melhorar meu casamento, recebi furiosas mensagens eletrônicas de homens que me acusavam de manipular meu marido e de desmoralizá-lo pela comparação com um animal. Para mim, essa última queixa é questionável, já que os seres humanos *são* animais: os maridos, os maridos com QI de cientista do programa espacial, até mesmo os cientistas do programa espacial. Além disso, nunca vi nenhum homem que não gostasse de ser comparado a um leão ou a um tigre, até mesmo a um urso. E todos nós não gostaríamos de ser um pouco mais como os golfinhos, que, com sua inteligência, boa aparência e condicionamento atlético, são os Kennedy do mundo animal? Namorei caras que não chegavam aos pés de um golfinho.

Quanto à primeira reclamação, volto mais uma vez ao mundo dos treinadores de animais, mesmo sabendo que foi daí que o problema surgiu. Especificamente, apelo a um de seus ditados: "toda interação é treinamento." Traduzindo: toda vez que você tem qualquer tipo de contato com um animal — quando deixa comida no chão, fala com ele, passa pelo cercado dele —, queira ou não, você lhe ensina alguma coisa. Até o mero fato de olhar para um animal pode ser uma lição não-intencional. Os animais nunca param de aprender com o meio ambiente e, se você fizer parte deste, eles absorverão algo de você e de seu comportamento. Se a Mãe Natureza não os tivesse feito assim, há muito tempo eles teriam desaparecido no abismo da evolução. Os animais são projetados para aprender e é por isso que os adestradores podem treiná-los.

Os animais são tão rápidos para aprender que os treinadores precisam tomar cuidado. Basta uma interjeição inconsciente ou uma recompensa fora de hora para que o animal subitamente faça alguma coisa que ninguém planejou. Ken Ramirez, que supervisiona o treinamento no Shedd Aquarium, em Chicago, descreve em seu excelente livro, *Animal Training*, como algumas baleias beluga aprenderam a cuspir água nos treinadores. As baleias são cuspidoras inatas. Na vida em liberdade, elas esguicham água no fundo do oceano para desenterrar alimentos como vermes, caracóis ou pequenos peixes. Elas também já foram vistas cuspindo acima da superfície do oceano, em um tronco flutuante, por exemplo, ou no ar, como um chafariz. Portanto, não foi um salto tão grande uma beluga do Shedd Aquarium cuspir uma quantidade da água fria do tanque sobre um passante de macacão de neoprene, o que provavelmente fez o surpreso treinador gritar ou pular. Outra beluga no tanque fez o mesmo, provocando mais gritinhos e saltos. Uma terceira se juntou à brincadeira. Sem querer, os treinadores haviam ensinado às belugas a serem gigantescas pistolas d'água.

É por isso que no primeiro ano os estudantes da escola de treinamento são proibidos de ter qualquer interação com os animais, e até mesmo de falar ou olhar para eles:

para que não lhes ensinem, inadvertidamente, algum comportamento indesejado. Apesar disso, os calouros inocentemente ensinaram algumas coisinhas a Rose, a fêmea de babuíno-cinzento. Ela aprendeu a se sentar calmamente e estalar os lábios para dar as boas-vindas aos novos alunos, o que os atraía para junto da jaula dela. Então, ao vê-los sorrir, Rose lhes gritava junto ao rosto. Quanto mais os estudantes saltavam e gritavam, maior a freqüência com que repetia o truque. Clyde, a cacatua, inventou uma manobra parecida. Quando os novos alunos entravam para limpar a gaiola, a ave branca pousada tranqüilamente no poleiro parecia tão amigável quanto um comitê de recepção. "Olá, Clyde", falava e, depois, com as garras de fora e batendo as asas, voava com direção à cabeça dos alunos de repente. Estes se agachavam gritando, para evidente diversão de Clyde. Os camelos Sirocco e Kaleb adotaram um ardil silencioso e mais sutil. Perceberam que, se inclinassem ao mesmo tempo os pescoços longos e grossos por cima da cerca, podiam prender os novos alunos no espaço entre os dois cercados. Os novatos, capturados e proibidos de falar ou de tocar nos animais, eram obrigados a esperar que um veterano aparecesse para libertá-los. Nesse meio-tempo, Sirocco e Kaleb tinham um nervoso e constrangido refém, o que pelo jeito lhes parecia atraente.

Mesmo antes de ter começado oficialmente a treinar Penny Jane, nossa segunda cadela, mestiça de border collie, eu sem querer lhe dei algumas aulas. Nos primeiros dias conosco, a cadelinha ficava latindo na varanda dos fundos. Para evitar que seus latidos agudos incomodassem os vizinhos, principalmente o casal com um bebê que morava logo atrás de nós, eu me apressava a deixá-la entrar. Penny Jane registrou mentalmente esse fato. Logo, sempre que queria entrar, a cadela latia. Ela até mesmo inventou um latido de "quero entrar", um som isolado, curto, enfático, alguns diriam arrogante, que eu conseguia ouvir dos cantos mais remotos da casa, geralmente quando estava ao telefone, no banheiro ou no meio de uma atividade qualquer.

Também ensinei a ela, por acidente, que sou perigosa ao abrir e fechar uma porta de carro. Certa noite, estávamos colocando Dixie e Penny Jane no banco traseiro do carro para uma ida rápida à videolocadora do bairro. Reconfortada por um generoso martíni que Scott preparou, e meio tonta, não percebi que Penny Jane havia esticado o rabo, que em geral enrolava. Bati a porta do carro, prendendo a ponta branca de sua linda cauda. Penny Jane ganiu. Abri a porta tão depressa quanto pude. Miraculosamente, a cauda estava intacta, mas seus nervos não. Ela aprendeu a ficar a distância quando ponho a mão na maçaneta do carro. Até hoje, ao entrar ali, Penny Jane salta para o extremo oposto do banco e põe o rabo em segurança sob o traseiro. Eu aprendi que depois de um martíni não consigo mais saber onde está o rabo de quem.

Logo, para treinar um animal, não é preciso ter intenção de amestrá-lo. Até em zoológicos tradicionais, que se abstêm de treinar os animais acreditando que devem ser mantidos tão "selvagens" quanto possível, os bichos ainda aprendem uma longa lista de comportamentos. Se os tratadores alimentam os animais toda manhã à mesma hora e no mesmo local, estes aprendem que o refeitório abre às 8 horas, ao lado do fosso. Os animais de zoológico percebem logo que quando o veterinário aparece é melhor se esconder. Ou que ficar batendo com força por um bom tempo na porta do cercado faz os tratadores virem correndo, e talvez até ofereçam bananas para acabar com o barulho.

Na tentativa de fazer os ursos polares interromperem seu incessante caminhar de um lado para outro, os guardas de zoológico sem formação em adestramento podem mesmo, inadvertidamente, estimulá-los a tal conduta, costumeira nesses animais quando em cativeiro. Ninguém sabe exatamente o que a motiva; talvez o movimento repetitivo dos pés seja calmante ou estimulante. Quiçá seja alguma forma de exercício: na vida silvestre, os ursos caminham como nós, apoiando o pé inteiro no chão, por quilômetros de gelo e tundra, buscando focas e outras guloseimas. O que os zoológicos sabem é que uma caminhada incessante do urso de lá para cá deixa os visitantes inquietos. Os tratadores costumam jogar uma grande bola para distrair o animal e evitar sua caminhada compulsiva dentro do cercado. Para o urso, porém, a bola pode parecer uma agradável premiação exatamente por aquela atividade. Da próxima vez que quiser um brinquedo, o urso colocará uma grande pata branca diante da outra e, pronto!, aparece uma bola.

Até mesmo os visitantes do zoológico podem ensinar os animais. Há alguns anos, no Cincinnati Zoo, uma gorila de vinte e poucos anos chamada Muke jogou nos visitantes, por cima do fosso, um pedaço do gramado. Instaurou-se o caos, com alguns espectadores achando graça e outros não. Muke jogou outro pedaço de gramado. Seguiram-se gritos, correria e risos. Dentro de pouco tempo, a visita aos gorilas virou um jogo unilateral de queimado. Algumas pessoas achavam aquilo engraçado, enquanto outras experimentavam estresse pós-traumático, já que a cena lhes trazia à lembrança recordações desagradáveis de aulas de ginástica. Muke, cuja pontaria foi melhorando com a prática, acabou por acertar uma bola de gramado na cabeça de uma garotinha, enfeitando-a, dando-lhe um calombo e uma história para contar em coquetéis pelo resto da vida. O zoológico postou funcionários ao lado do cercado para avisar os visitantes sobre os torrões e informar que não era permitido jogá-los de volta. Ah, sim, nós somos apenas animais.

———

Os treinadores argumentam: por que não ensinar os animais de propósito? Por que deixar que aprendam por acaso? A mesma pergunta, pensei, vale em relação a seres humanos.

Conscientes do fato, ou não, todos passamos boa parte do dia tentando alterar o comportamento uns dos outros. Quando você cola no carro da frente, o que espera é que ele acelere ou desapareça do caminho. Quando ajuda alguém, digamos, quando explica a seu cônjuge o comprimento correto para as unhas dos pés, ou quando zomba de um amigo por pesquisar obsessivamente os hábitos de Britney Spears em relação a roupas íntimas, você está tentando, até certo ponto, mudar essas pessoas. Quando faz alguma coisa correta, como organizar perfeitamente seu coletor seletivo de lixo reciclável ou manter o gramado perfeito, está propondo um modelo, conscientemente ou não, na esperança de que os vizinhos façam o mesmo. Quando espera uma mesa no restaurante e suspira com a intensidade emotiva de uma estrela de cinema, está tentando persuadir o *maître* a lhe arranjar de imediato uma mesa. Podemos ser diretos ou indiretos, educados ou impertinentes, mas estamos todos mirando o mesmo alvo.

Essa tendência, acredito, é mais evidente entre pais e filhos, que tipicamente estão presos num ciclo comportamental tão intenso que não se sabe quem treina quem. Contudo, o mesmo acontece o tempo todo entre cônjuges, amigos, colegas de trabalho, parentes e estranhos. Pela vida afora, ensinamos uma quantidade de comportamentos por acidente. Quantas vezes um cônjuge protestou: "Mas pensei que você gostasse quando eu (preencher a lacuna)." Sem intenção, os pais ensinam os filhos a se negarem a ir dormir, pois, quanto mais as crianças batem o pé, mais a mamãe e o papai negociam, imploram e subornam. Quem responde um convite de almoço ou jantar enviando um apressado e-mail com sua lista de tarefas treina os amigos a não convidá-lo para mais nada. Muitos empregadores, quando não recompensam os trabalhadores mais dedicados e dão muita atenção, mesmo negativa, aos indolentes, promovem o mínimo esforço — exatamente o contrário do que desejam que se faça. Até as instituições fazem esse jogo. Talvez as empresas aéreas tenham se recuperado financeiramente nos últimos anos, mas nesse meio-tempo ensinaram um país que adorava voar a detestar as viagens aéreas.

Não sou uma exceção. Durante toda minha vida venho treinando gente involuntariamente e, acima de tudo, meu marido Scott, e ele a mim. Minhas técnicas envolviam resmungos, sugestões diplomáticas ocasionais, discussões, sarcasmo e a minha favorita, a indiferença. As dele eram a surdez conjugal, rosnados esporádicos, decretos ("Nada mais de assoadas estrepitosas", proclamou uma vez), e mais surdez conjugal. Raramente conseguimos os resultados que queríamos. Em paralelo, e por engano, treinei Scott a se refugiar no banheiro toda vez que eu mencionava jardinagem. Ele me treinou a assoar o nariz de forma ainda mais barulhenta (era muito engraçado vê-lo se encolher). Embora nenhuma de nossas técnicas funcionasse bem, persistíamos nelas tal como os treinadores de circo da velha guarda, que só conheciam uma maneira de trabalhar com os animais: em geral, negativa.

Portanto, se essencialmente eu já estava tentando mudar meu marido, e também amigos, parentes, colegas de trabalho e outros, por que não fazê-lo de modo consciente, além de eficaz? Por que não pensar como um treinador de animais, como um especialista em treinamento progressivo? Por que não mudar de propósito os comportamentos, em vez de por acidente?

Os treinadores de animais são realmente decididos. Escolhem um comportamento que desejam ensinar, por exemplo, o clássico ato em que o leão-marinho equilibra uma bola no nariz. Então, com essa finalidade, elaboram um procedimento por etapas: seguram a bola para o leão-marinho tatear com os fortes bigodes louros; levantam a bola acima da cabeça do animal para fazê-lo esticar para cima o flexível pescoço e os bigodes; fazem o animal sustentar a posição; finalmente, pousam-lhe a bola sobre o focinho úmido. Os treinadores escrevem os passos e vão anotando o progresso realizado de uma sessão de treinamento para a seguinte. Os adestradores de mamíferos marinhos, principalmente, conseguem produzir páginas e mais páginas desse material, inclusive gráficos maravilhosos.

Bem, como não sou assim tão organizada, um plano de treinamento por escrito não seria realista no meu caso. E meu treinamento sempre se realizou espontaneamente, enquanto vou correndo dia afora. Os treinadores de animais têm uma grande vantagem sobre mim: treinar é o trabalho deles. Enquanto treinam, não fazem mais nada. Não estão atendendo ao telefone, procurando um iogurte na geladeira ou pagando contas ao mesmo tempo em que conferem se o golfinho bateu corretamente com a barbatana peitoral na água. Com todas as distrações do dia-a-dia, eu nunca teria a concentração de um profissional. Sem falar que meus animais podem responder, dizendo coisas como "Você está usando adestramento de animais em mim?". Apesar disso, valeu a pena tentar.

Portanto, com ou sem plano, eu precisava, como um treinador, estabelecer algumas metas específicas, refletir sobre o que eu queria e o que não queria, e não só avançar aos tropeços. Naquelas circunstâncias, eu estava agindo exatamente como um treinador que joga uma bola para o leão-marinho e espera para ver o que acontece. Se eu quisesse ver uma bola equilibrada naquele focinho bigodudo — figurativamente —, precisaria ser muito mais decidida.

TREINAMENTO É PALAVRÃO

Você ficou constrangido? Apesar de fazermos treinamento para maratonas e de contratarmos treinadores pessoais aos milhares, muitos de nós ficam pouco à vontade diante da palavra *treinamento* quando aplicada a seres humanos. Annie Clayton descobriu isso da pior forma.

Em 2005, a BBC exibiu o programa *Bring Your Husband to Heel* [Adestre seu marido], um *reality show* estrelado por Clayton, um adestrador de cachorros. Ele mostrava às esposas atormentadas como usar os princípios básicos do treinamento progressivo de cães para melhorar os hábitos incômodos dos maridos, premiando os comportamentos que agradassem a elas e ignorando os desagradáveis. Sem captar a sutileza, os espectadores se queixaram de que o programa era desmoralizante e, segundo informou *The Guardian*, "uma escandalosa idiotice". E isso num país de reconhecido e grande apreço a nossos melhores amigos de quatro patas. Prontamente, a BBC cancelou a série, emitindo um pedido formal de desculpas pelo "transtorno" que o programa pudesse ter causado e relegando Clayton à blogosfera.

O desastrado título do programa não ajudou, mas até certo ponto Clayton foi vítima das associações muito negativas feitas por alguns com a idéia de "treinamento". Para eles, talvez não tenha transcorrido muito bem o treinamento de uso do vaso sanitário ou talvez careçam dos meios necessários para pagar um treinador pessoal. De qualquer forma, para muitos, essa palavra é sinônimo de "manipulação" ou "controle", evocando a imagem de domadores de tigres e leões com um chicote em uma das mãos e uma cadeira na outra, ou de animais selvagens sendo domados, suas almas nobres dobradas à vontade do homem.

Embora o treinamento tenha mudado muito, essa imagem ultrapassada infelizmente ainda está muito viva na mente das pessoas. A idéia que muitos fazem de treinamento é baseada em abordagens da velha escola, herdadas dos trogloditas e infelizmente ainda presentes. É o estilo que até recentemente dominava o mundo canino. No treinamento tradicional, a meta é fazer o animal obedecer às ordens, é dominá-lo, mostrar a ele quem manda. Só essa orientação já é suficiente para passar uma idéia negativa do treinamento, pois quem deseja ser dominado?

Além disso, nessa abordagem não se leva em conta se o animal gosta do treinamento. Ele deve fazer o que mandam ou sofrer as conseqüências. Os treinadores tradicionais podem usar recompensa ou não, mas sempre usam a punição, seja simbólica (retirar um brinquedo), seja severa (uma pancada no focinho). Eles ensinam ao animal o que não fazer. Se o cão puxa a guia, eles dão um leve tranco na corrente do enforcador. Se não se senta quando mandado, *tranco*. Se não se deita rápido, *tranco*. A motivação do animal é o desejo de evitar a sensação ruim: beliscão, pancada, chicotada. Esse estilo explora aquilo de que os animais não gostam. Nisso, há muito de humano.

Os treinadores que empregam métodos progressivos adotam uma abordagem fundamentalmente oposta. Para eles, o treinamento é comunicação. Ensinam em vez de domar. Não *obrigam*, mas antes seduzem os animais a cumprir uma tarefa. A meta deles não é tornar o animal obediente, mas envolvê-lo. Querem que ele goste do treinamento — ou melhor, *ame* o treinamento. Portanto, estão excluídos beliscões, pancadas e chicotadas. Os puristas nem sequer usam a palavra "não". Não quero dizer que esses treinadores não puxariam a guia nem gritariam se o cachorro partisse para cima do peru de Natal, mas não recorrem à punição como ferramenta didática. Eles motivam o animal somente em troca de recompensa. Diga ao cachorro para se sentar; se o traseiro dele tocar o chão, ele ganha uma guloseima. Se o animal não se sentar, não haverá conseqüência, a não ser a falta de uma recompensa. Desse modo, o animal não tem nada a perder.

Essa filosofia iluminada veio dos treinadores de mamíferos marinhos e foi adotada por um número cada vez maior de adestradores de todas as espécies, do calau-africano ao hipopótamo. Esses são os princípios por trás do treinamento com *clicker*[1], que revolucionou o adestramento de cães. Essa nova

---

[1] Aparelho que produz um estalido. Condiciona-se o cão a associar o ruído à recompensa. (*N. da T.*)

abordagem também inspirou os zoológicos a reconsiderarem a questão e os aquários a experimentarem o método com peixes, tartarugas e polvos. Ela mudou o caráter do treinamento, passando a melhorar a vida dos animais cativos. No caso dos animais em zoológicos e aquários, o treinamento tem por objetivo dar a eles exercícios físicos e estímulo mental, ajudando-os a cuidar de si mesmos e a resolver problemas. Digamos que, de puro tédio, o macaco-prego está arrancando os próprios pêlos, o equivalente símio a jogar videogame em excesso. Em resposta, os tratadores ensinam ao macaco (isso mesmo, eles o treinam) vários comportamentos novos, como passear na guia ou brincar de esconde-esconde. Ocupado demais, além de cansado de tanta atividade, o macaco logo abandona a obsessão com o pêlo. O problema se resolve sem necessidade de antidepressivos. Como diz Gary Priest, supervisor de treinamento do zoológico de San Diego: "Onde houver um problema, haverá uma solução comportamental."

Trabalhando com premiação, os treinadores também puderam ensinar espécies e comportamentos antes considerados impossíveis. Na Gatorland, na Flórida, os répteis aprenderam a saltar para fora de seu lago barrento quando comandados. No Saguaro National Park, no Arizona, os treinadores, com um simples olhar na direção desejada, indicam às aves de rapina para que lado voar. No Baltimore Aquarium, os micos-leões fornecem amostras de urina, quando solicitados.

Foi com esse tipo de treinadores que passei horas e horas em vários tanques e recintos. É por isso que para mim a palavra "treinamento" é mágica, a tal ponto que, na verdade, esqueço o quanto ela é negativa para outras pessoas. Se eu esquecer disso, queiram me desculpar.

FAZER O QUE SE PRECONIZA

Por que não sermos diretos, como sugeriram alguns, e dizermos aos outros o que queremos e o que não queremos? Para começar, a mim parece um mistério que a fala seja automaticamente considerada um meio de comunicação mais direto que o comportamento. Além disso, ela não é tudo o que julgam ser.

Nós, seres humanos, temos um amor exagerado à faculdade da linguagem. Vivemos apregoando o fato de que a fala nos torna comunicadores melhores que os animais. Será? Talvez os animais não sejam verbais como nós, porém, nos superam em termos de clareza. Admito que eles, em geral, precisam transmitir mensagens simples, tais como: "Eu mando em você", "Não manda, não", "Vamos transar", "Naquele lado tem banana" ou "Leopardo à vista!" Mas conseguem passar tudo isso e muito mais sem emitir uma só palavra. É verdade que eles não podem, como nós podemos, expressar tudo isso e ainda discutir Proust, trocar idéias sobre a pesquisa de células-tronco e analisar exaustivamente os próprios sentimentos. Mas lembre-se de que, se a capacidade de discutir o devaneio deflagrado pelo bolinho madeleine de *Em busca do tempo perdido* trouxesse alguma vantagem à evolução de uma espécie, esta teria se tornado capaz de fazê-lo. A Mãe Natureza teria fornecido o DNA para isso. De qualquer forma, somos a única espécie a precisar dessa capacidade — pelo menos até agora. E por vezes nos concentramos tanto no debate da literatura francesa do século XIX que deixamos de gritar "Leopardo à vista!" quando deveríamos fazê-lo.

Do ponto de vista da comunicação, a capacidade de falar nos dá uma vantagem sobre os animais; porém, com freqüência, nós nos sabotamos no uso da linguagem. Apesar de tudo o que a evolução nos deu em matéria de fala, somos descuidados, e mesmo preguiçosos, quando se trata da expressão pessoal. Dizemos uma coisa querendo que signifique outra, e depois tentamos esclarecer a confusão com mais palavras. Deixamos a mente flutuar como um balão enquanto falamos sem parar. "De que eu estava falando mesmo?", resmungamos aos demais. Arrastamos para os diálogos mais corriqueiros, como a decisão do que levaremos para comer, o grande peso emocional de nosso passado e os temores quanto ao futuro. A linguagem corporal ou o volume da voz transmitem exatamente o oposto das palavras que dizemos. Pelos tempos afora, maridos e mulheres gritaram "Desculpe!" para seus cônjuges, levando muitos a responder com linguagem corporal — batendo com estrondo uma porta. A tal ponto a fala pode servir de muleta que nos faz concentrar a atenção nas palavras do outro, sem perceber que os atos dele falam mais alto. Como assinala a especialista em treinamento Karen Pryor em *Don't Shoot the Dog!*, quando os casais humanos discutem, o foco da cena é aquilo que dizem e não o que fazem — ou seja, brigar.

Penso que somos desleixados assim, os seres humanos, porque podemos posteriormente dar uma explicação, mudar o enunciado ou pedir desculpas a nossos colegas, também primatas superiores. A um animal não há como explicar nada. Se o treinador se engana e ensina sem querer um golfinho a saltar, quando queria que batesse as nadadeiras, não pode explicar ao mamífero marinho: "Puxa, me desculpe, o que eu queria era..." Se o treinador perturba um animal ao se aproximar depressa demais, não há como lhe explicar que só queria ser amistoso. Se o treinador cair no chão diante de um grande felino, não terá tempo de explicar que foi acidental e que ele não é uma presa.

Os animais vêem o mundo de modo literal, ligam os pontos comportamentais na mesma hora e reagem com bastante clareza, atestando que nossos atos são instâncias de comunicação. Se não fosse assim, não poderíamos treinar animais. Mas podemos, e sem usar uma só palavra.

Para mim, nunca foi uma questão filosófica decidir se treinava ou não meu marido, meus amigos e minha família. A questão era antes de ordem prática. Eu me via repetir as mesmas conversas irritantes, encarar os mesmos aborrecimentos de sempre, vezes sem conta, com amigos e parentes. Durante anos minha mãe e eu tivemos a mesma discussão sobre sua audição, ou sua aparente perda de audição. Eu não conseguia convencê-la da necessidade de usar um aparelho auditivo. Nada que eu dissesse convencia meu marido a não perder a calma. Eu estava cansada de ser repetitiva. Precisava de algo novo. Quando vi o que os treinadores conseguiam realizar por meio de princípios comportamentais básicos, consegui encontrar esse algo novo.

Certa vez, passei a tarde conversando com o afável treinador de Hollywood, Hubert Wells, que trabalhou numa enorme quantidade de filmes, do primeiro *Dr. Dolittle* até *Entre dois amores*. Ele se descreve como "bom com todos os mamíferos", embora nunca tenha se entendido bem com ursos. Wells estava usando um impecável conjunto safári de brim cáqui. Ele já se aposentara, tendo vendido a empresa a outro treinador, mas ainda morava na periferia de seu antigo complexo de animais, em um estreito desfiladeiro ao norte de Los Angeles. Durante nossa conversa, ouvi um ou dois barridos de elefantes. Tomamos café na sala de jantar da casa dele enquanto Starbuck, o indomável filhote de Jack Russell terrier, lambia a mesa. "Ele é como um expresso duplo", brincou Wells. Ao nosso redor, fotos da longa carreira dele, como uma em preto-e-branco de uma cadela vizsla, filha do cachorro que contrabandeou da Hungria, seu país natal, quando fugiu dos comunistas em 1957, e uma foto que o mostra com a bochecha aninhada na juba de seu leão favorito. Perguntei a Wells qual era sua abordagem geral no trabalho com animais. Ele respondeu com um forte sotaque húngaro: "Se alguma coisa não der certo, tente pensar em outra opção."

Levei seu conselho a sério.

O VERBO "SHAMUZAR"

Quando descrevi um problema que enfrentava com um aluno meu que sistematicamente entregava os trabalhos com atraso, Scott respondeu: "Tem alguma maneira de você *shamuzar* o cara?"

Em nossa casa, o nome próprio Shamu[2] virou um verbo de mil e uma utilidades. Significa, de maneira simplificada, usar os princípios do treinamento de animais para resolver um problema comportamental. Nós *shamuzamos* os amigos, a família e os vizinhos. Nós nos *shamuzamos* mutuamente. "Você está me *shamuzando*?", pergunta um ao outro. Até mesmo alguns amigos nossos começaram

---

[2] Shamu é a baleia-ícone do espetáculo do parque aquático SeaWorlds, presente em várias cidades dos Estados Unidos. A Shamu original, capturada em 1965, morreu em 1971. Desde então, recebem esse nome todas as orcas apresentadas no SeaWorld. (*N. da T.*)

a *shamuzar* e a chamar tal ação pelo nome. Na verdade, nossa amiga Kirsten, professora do ensino médio, foi a primeira a conjugar o verbo. Ela nos *shamuzou* para utilizá-lo.

O nome próprio Shamu também deu origem a um adjetivo, como na frase "Acabo de ter uma atitude profundamente *anti-shamuana*". Isso significa pisar na bola, como no dia em que tratei mal o motorista do caminhão de lixo reciclado porque bloqueou a saída de minha garagem. Ou então balançamos a cabeça diante do comportamento histérico de alguém e murmuramos: "Isso não é nada *shamuano*."

3
O ZEN E O TREINAMENTO DE ANIMAIS

Parei o carro ao lado de um caixa eletrônico *drive thru*, abaixei o vidro e comecei a trabalhar. Primeiro, precisei usar toda minha força para extrair do compartimento cheio um envelope de depósito. Em seguida, apoiei o envelope no volante para preenchê-lo. Ao perceber que ficaríamos ali por algum tempo, Penny Jane se enrolou em sua posição favorita para dormir no banco de trás. Dixie, que não quer perder nem um nanossegundo de vida, ficou olhando pelo vidro traseiro. Como a caneta parou de funcionar, remexi no porta-luvas em busca de outra. No instante em que esbarrei num lápis, que não serviria, escutei um suspiro profundo. Pelo espelho retrovisor, vi uma moça parada atrás do meu carro. Ela jogou os longos cabelos sobre os ombros e ficou batendo o pé, calçado num sapato de salto. Apressei-me a rabiscar meu nome, o mais rápido possível, no verso de quatro cheques. Assim que coloquei o envelope na ranhura da máquina, soou mais uma série monumental de suspiros. Dixie esticou o pescoço para avaliar o problema. Impaciente, a garota arregalou os olhos para ela.

— Você pode usar o caixa eletrônico de dentro do banco — digo, no tom mais neutro possível.

— Tenho permissão de usar esse caixa — responde.

— Bem, seria mais rápido se você usasse o de dentro — sugiro, mas não consigo evitar elevar o tom da voz.

— Por que *você* não usa? — diz ela, com arrogância.

— Porque estou de *carro*, sua *estú*... — eu me interrompo. Não estou pensando nem agindo como uma treinadora de animais.

Antes de poder experimentar qualquer técnica de treinamento nos seres da minha espécie, tive de aprender que não é só uma questão de se vestir de brim cáqui ou macacão de neoprene. Quem dera que fosse tão fácil!

O treinamento de animais altera a mente. Tal qual o treinamento dos fuzileiros, não é um trabalho, mas um estilo de vida. Nas entrevistas de treinadores, ouvi inúmeras vezes a mesma afirmativa: "Isto não é o que faço, e sim quem sou." Em outras circunstâncias, eu teria erguido as sobrancelhas com ceticismo jornalístico, mas sabia que eles não estavam exagerando.

Como disse um treinador, a atividade de adestrar animais "torce psicologicamente a cabeça da pessoa". É como uma aula de autocontrole do zen-budismo, além de ser um processo de equilíbrio mental dos opostos. É preciso ter as pernas rápidas, porque todos os animais são essencialmente imprevisíveis, mas também ser calmo e coerente para não ensinar o indesejado, ou pior ainda, ser ferido. É preciso ser responsável, pois os treinadores dizem que a culpa nunca é do animal, mas também ser desprovido de ego para nunca tomar como pessoal nada que os animais façam. Você é obrigado a viver no momento presente, mas pensar à frente, prevendo o próximo movimento ou resposta do animal, o que um treinador chama de "crítica proativa". É preciso ser confiante, para que um grande felídeo não veja em você uma presa, mas não confiar a ponto de se abaixar para amarrar o sapato, o que fará com que qualquer predador veja em você a próxima refeição. Cumpre ser eternamente cuidadoso. Certa vez, vi um treinador novato de elefantes atravessar distraído um portão, ao lado de um paquiderme. O treinador veterano advertiu que o elefante poderia facilmente ter esmagado o principiante contra o portão, por puro acidente. Basta um segundo de distração para ser esmagado.

Os treinadores precisam ser autoconscientes, sempre atentos ao que dizem por meio da própria linguagem corporal. As mãos agitadas ou os ombros jogados para trás podem ser informações relevantes para a mente animal. Considerando que nossa espécie é irrequieta, como se todos sofrêssemos um pouco da síndrome de Tourette, a tarefa não é fácil. Porém, se você quiser treinar animais, precisa superar os cacoetes humanos. Um adolescente de 1,80m, aluno da escola de treinamento, teve de mostrar-se menos assustador para Rosie, a fêmea de babuíno. Ele aprendeu a não fazer movimentos bruscos e a não rir na presença do animal, o que foi muito difícil, pois o garoto adorava brincar. Pela primeira vez, sua postura curvada foi vantajosa, já que o andar ereto não convinha. Ele tinha de se curvar o máximo possível para parecer menor e menos ameaçador. Não podia olhar diretamente para Rosie, o que, na linguagem dos babuínos, significa "Vou pegar você". Ele era obrigado a olhar de esguelha um animal de dentes afiados e reflexos de super-herói.

Ao mesmo tempo em que precisam ter uma extrema percepção de si mesmos, os treinadores são obrigados a sair da própria pele e avaliar o mundo do ponto de vista do animal. Quando levava o lobo para passear, a treinadora da escola ficava atenta ao menor estímulo capaz de precipitar o impulso caçador do animal, fosse um coelho cruzando o caminho, ou um Weimaraner ali do bairro preso na guia e sendo levado para dar um passeio ao lado da escola. Certa tarde, acompanhei uma treinadora que estava ensinando três estudantes a levar um jovem puma para passear na corrente. Fizemos uma pausa, parando ao sol para bater um papo enquanto o puma relaxava a nossos pés, deitado sobre um leito de serragem. Os estudantes estavam praticando a técnica de relaxar e se manter alerta na presença de um predador. O felino certamente estava relaxado. Parecia cochilar, a não ser por ocasionais movimentos da cauda. Subitamente, a instrutora colocou uma guloseima na boca do puma. Ela ouvira o som distante do motor da van do zoológico. Sabendo que os automóveis assustam o puma, queria distraí-lo. Se ficasse assustado, o animal poderia sair correndo, arrastando o estudante. Nem eu nem os alunos tínhamos ouvido o ruído do motor. De fato, a van passou por nós, mas o felino, ocupado em mastigar pescoços de galinha, nem piscou.

Os treinadores também devem aprender a fazer o contrário do que mandam seus instintos. Se for abocanhado por uma orca, você deve manter corpo mole. Dessa forma, ela perderá o interesse e o soltará. Se for atacado por um dos grandes felinos, enovele-se como uma bola e não lute. Lutar fará o animal morder com mais força. Se uma cobra enfiar as presas em sua mão, não tente puxá-la. Os dentes da cobra, voltados para dentro, podem facilmente quebrar-se em sua carne e infeccionar. Uma mordida de cobra não irá matá-lo, mas a infecção pode ser fatal.

Evidentemente, o treinador deve ter o autocontrole de um monge, pois suas reações podem, em sentido figurado e literal, ser sua salvação ou sua perdição. Os futuros treinadores ficam surpresos com a quantidade de tempo que precisam dedicar ao próprio comportamento. Eles aprendem a controlar o medo quando a ema está de mau humor, a aproximar-se da gigantesca ave e segurar-lhe o longo e forte pescoço azul de modo que ela não possa alcançá-los com o bico de tamanho avantajado. Eles precisam lembrar de não passar correndo diante das jaulas dos primatas para não perturbar os irritadiços macacos. Os estudantes não podem perder a calma durante uma sessão de treinamento. O ideal é que nem mesmo suspirem, porque isso pode desfazer todas as suas conquistas até aquele momento, principalmente quando se trata de animais tão assustadiços quanto um preá da Patagônia. Os alunos têm de aprender a não se sobressaltar, a nem mesmo se encolher — exatamente o que o sistema nervoso pede — quando Kiara, a desajeitada leoa, lhes rugir na cara. Se o rugido provocar uma reação, certamente em outra ocasião a leoa aumentará o volume para aquele mesmo treinador principiante. Dessa forma, os novos alunos aprendem a ficar de pé, impassíveis como estátuas, enquanto são envolvidos pelos rugidos de Kiara.

Para trabalhar com os animais humanos, precisei de muitas ou mesmo de todas as qualidades de um treinador. Embora nunca vá ter a compostura de um monge, no trabalho com meus cachorros descobri reservas de autocontrole e paciência. Seria possível fazer o mesmo com os humanos da minha vida? Ainda mais porque, ao contrário de um treinador profissional, nunca preciso me preocupar com a possibilidade de que alguém vá me morder ou me prender no fundo da piscina, embora, como tantos humanos, Scott costume rugir de vez em quando. Contudo, ele não se compara a uma leoa. Depois de ouvir Kiara de perto, passei a achar as explosões de meu marido mais toleráveis, até mesmo relativamente tranqüilas. A leoa me dessensibilizou para um rugido ocasional de meu marido, pelo que lhe devo muitos agradecimentos.

A principal lição que os treinadores me ensinaram foi que eu precisava me olhar no espelho. Em última análise, é isso o que significa pensar como um treinador de animais exóticos. Eu precisava mudar a mim mesma. O ônus era meu, gostasse disso ou não.

Comecei a analisar meu próprio comportamento. Estudei de que maneira minhas ações podiam condicionar as ações de meu marido, de minha irmã ou da sensível jovem no caixa automático. Eu me perguntava o que poderia *fazer* de outro modo. Em geral, eu teria me concentrado exclusivamente no que dizer aos demais. Como um diplomata ou um escritor, eu ponderava sobre a exata escolha de vocabulário para pedir a meu marido que desfizesse a mala, largada no chão muito depois de regressarmos da viagem de fim de semana. Ou analisava uma frase para explicar ao vizinho por que não me agradava que ele deixasse seus objetos no meu quintal.

Não que eu tivesse deixado de usar palavras, porém, elas não são *tudo* o que uso. Em vez de ficar obcecada com a adequação das palavras, passei também a cogitar do modo de dizer, e em que momento e com que linguagem corporal. Adotei o lema dos treinadores: "A culpa nunca é do animal." Quando não se trata do animal humano, é mais fácil aplicar esse lema; mas, no caso do animal humano, às vezes a culpa *é* dele. Mas o lema me forçou a pensar em como posso usar meu comportamento, o *único* que posso controlar. A mudança mental exigiu muito de mim, mas de repente me deu uma nova ferramenta de trabalho — eu mesma.

NÃO LEVE PARA O LADO PESSOAL

Apesar de nosso cérebro grande e enrugado, nós, os humanos, somos bastante míopes e egocêntricos. Se fôssemos presas em potencial, se estivéssemos na base da cadeia alimentar, e não no topo, talvez tivéssemos mais empatia. De todo modo, temos uma visão de mundo tão condicionada por nosso ponto de vista limitado que achamos que o resto do reino animal faz o mesmo. Portanto, levamos a antropomorfização ao extremo, projetando todo tipo de característica, motivação e talento humanos em tudo que tem pêlo, pena ou escama. Achamos que o cachorro roeu nosso novo par de sapatos de luxo por pura provocação. Não é assim. Vemos um golfinho de boca escancarada num sorriso e o julgamos amistoso, mas ele poderá mordê-lo, golpeá-lo ou golpeá-lo e depois mordê-lo. Lembre-se: tudo que tem boca morde. Costumamos supor que qualquer animal em cativeiro quer recuperar a liberdade. Mas isso nós de fato não sabemos, sem contar que liberdade é uma idéia humana. Para explicar o comportamento dos animais, atinamos com explicações dignas de um pároco (um puma que ousa atacar seres humanos é, sem demora, tachado de perverso) ou de um analista freudiano (meu papagaio me bicou porque está com ciúme do meu namorado). Como escreveu Steve Martin, especialista em treinamento de aves, se isso fosse verdade, o papagaio teria bicado meu namorado. Os papagaios não são chegados a transferências, racionalizações ou sublimações.

Adeptos do contato físico, nós, *Homo sapiens*, partimos do princípio de que todas as criaturas, grandes ou pequenas, gostariam de afagos na cabeça, de abraços e até de um beijo caloroso. O fato de que adoraríamos abraçar um orangotango, um leão-marinho ou um filhotinho de panda não quer dizer que esses animais gostem de ser abraçados ou que sequer o tolerem. Para muitos deles, ser abraçado significa ser devorado. Podem aprender a ser tocados pelos humanos, mas aí está a questão: eles precisam aprender um comportamento que julgamos natural. Todos os golfinhos nos programas de interação do SeaWorld foram treinados para ser acariciados. Mesmo assim, para eles, o contato físico não é um festival de amor, é mais uma situação protocolar, como uma apresentação à rainha da Inglaterra. Tem de ser assim. Quando abracei meu primeiro e único golfinho, tive de seguir cuidadosamente as instruções do treinador, que me instruiu a só tocar o animal atrás do respiradouro e a manter as mãos bem longe dos olhos dele. Então, seguindo as instruções, entrei na piscina fria e salgada e dobrei um joelho. O treinador fez a fêmea de golfinho nadar por cima da minha coxa até repousar levemente sobre minha perna. Então ele me instruiu a passar os braços em torno do animal. Eu o fiz de maneira tímida, estranhamente embaraçada por minha condição humana, minha necessidade de abraçar aquele esguio animal cinzento. O problema dos golfinhos é que eles não podem retribuir o abraço, mas ela piscou um olho negro para mim. Não fiquei curada de nada, nem tive uma revelação, a não ser a percepção de que os golfinhos são lisos e firmes como uma câmara de ar. Apesar disso, sorri como uma idiota, da maneira como fazemos durante uma experiência única na vida. O golfinho ficou quieto e esperou pela sua experiência de todos os dias — ganhar uma sardinha.

Os treinadores sabem que, embora as pessoas também sejam animais, os animais não são pessoas. Esses profissionais precisam superar a preocupação consigo mesmos, tão enraizada nos seres humanos, o reflexo natural de atribuir características humanas a quase tudo que se move. Eles buscam essa superação por razões muito práticas: projetar sentimentos e características humanas num animal pode levar a más decisões de treinamento. O adestrador pode achar que o animal não reproduz determinado comportamento porque está aborrecido, quando, na verdade, o bicho simplesmente não entendeu o que se espera dele ou não tem as condições fisiológicas necessárias. Se o treinador pensar que um animal "gosta" dele, poderá assumir riscos indevidos. Eles evitam até mesmo descrever comportamentos como "maus" ou "bons". Sabem que há boas razões para os piores comportamentos, e até mesmo para um ataque.

Mesmo rotular os animais de espertos ou burros é antropomorfismo. Para julgá-los geniais ou tapados, tomamos por base *nossa* idéia limitada de inteligência, e tal julgamento pode predispor os treinadores a esperarem demais ou muito pouco de determinado indivíduo ou espécie. Depois que muitos zoológicos, com suas coleções enciclopédicas, contrataram treinadores, espécies que ninguém havia pensado em treinar foram adestradas: sapos venenosos, arraias pintadas, rinocerontes, jacarés. O fato irônico é que a facilidade com que um animal é treinado nada tem a ver com inteligência. Como disse a guru do adestramento, Karen Pryor, os princípios do treinamento progressivo funcionam com qualquer um, de peixinhos de aquário a doutores formados em Harvard.

Para pensar como um treinador de animais, eu também precisava parar de antropomorfizar, não os animais, mas os seres humanos. Isso significava não tomar como pessoais as ações dos outros, principalmente as do meu marido. Antes, uma suada pilha de roupas de ciclismo largada no chão era uma afronta pessoal, um símbolo da falta de consideração de Scott por mim. Agora, vejo seu comportamento e o de outros com a cabeça muito mais fria. Os bons treinadores vêem o comportamento exatamente como tal — como um comportamento. Não pensam em quem está certo ou errado, quem tem ou deixa de ter consideração, quem é mais esperto ou tem melhor aparência. Evitam o verbo *dever*, implícito ou explícito, como na frase: "O animal deveria querer se sentar e ficar quieto para mim." Não projetam no animal as próprias motivações, sentimentos ou neuroses.

Comecei a ver o comportamento como mero comportamento, como o mecanismo de um relógio, e não como um reflexo de minha própria imagem ou um pequeno jogo moralista. Deixei de lado o *deveria*, como na frase: "Scott deveria querer recolher as próprias roupas" ou, como exigia o personagem de Jennifer Aniston em *Separados pelo casamento*, "Eu quero que você *queira* lavar os pratos". Criei desapego, de forma positiva. Em vez de me perguntar por que Scott fazia alguma coisa direcionada *a mim*, agora me perguntava simplesmente por que ele fazia aquilo, ponto final, sem nenhum *a mim* na equação. Descobri novas respostas, algumas tão óbvias que chegavam a me surpreender.

Scott não deixava as roupas de ciclismo no chão do banheiro porque não me amasse, e sim por comodismo e nada mais. Sua intenção era cuidar delas mais tarde, depois do banho, mas com freqüência se esquecia. Ele tem uma memória fraca e um olfato pior ainda. Entendi que meu marido não percebia o mau cheiro, que, para mim, enchia a casa como a fumaça de uma erupção vulcânica. Sou eu que tenho o focinho sensível.

Por que, ao me buscar em rodoviárias e aeroportos, ele sempre se atrasava? Se está passando a prova de ciclismo Tour de France na tevê, essa é a razão, mas em geral é porque ele não tem — nem nunca teve — uma boa noção do tempo. Sempre se assusta com o que o relógio marca. Por mais que ele me ame, o sentimento não consegue superar esse traço profundamente arraigado. Não posso afirmar que isso torne menos irritante a experiência de ser a última pessoa parada na calçada diante do aeroporto, procurando nossa caminhonete entre os carros que chegam, mas já não penso que seja um teste da devoção de Scott por mim.

Deixar de tomar os atos do cônjuge como algo pessoal é uma tarefa libertadora, mas nem por isso mais leve. Os cônjuges exercem grande influência e é óbvio que alguns comportamentos *são* uma deliberada falta de consideração e *devem* ser tomados como pessoais. Mas percebi que, como tantos cônjuges, eu encarava certas ações sob uma perspectiva demasiadamente pessoal e enxergava ofensas onde não houvera intenção de ofender. É claro que num mundo ideal Scott manifestaria profundo amor por mim em cada atitude, e até mesmo em suas motivações. Ele iria mesmo *querer* recolher as roupas de ciclismo, já que sua razão de viver seria me fazer feliz. E no "Mundo de Amy" eu seria capaz de voar, e meus cachorros de falar, e multidões felizes cantariam meu nome e a maré traria luxuosos sapatos de grife para junto de minha casa, para mim. Afinal, uma garota tem direito de sonhar. Ou pode pensar como uma treinadora de animais.

———

Passei a ver com mais neutralidade as outras pessoas na minha vida. Por que minha mãe esbravejava tanto quando eu sugeria que usasse aparelho de surdez? Porque geralmente seu protesto me fazia recuar, ou seja, surtia efeito. Além do mais, para ela, a idéia de usar aparelho era um atestado de velhice, o que lhe aturdia a alma ainda jovem. Ela ficava zangada, não tanto comigo, mas com a vida.

Por que era tão difícil planejar com antecedência de algumas semanas um jantar ou uma ida ao shopping com uma querida amiga minha? Não porque ela não valorizasse nossa amizade, entendi, mas porque eu, sem filhos e com um expediente flexível, era uma das poucas de suas amigas que podiam aceitar convites de última hora com freqüência. Entre o emprego e os dois filhos, minha amiga, como tantas pessoas de meia-idade, tem a vida toda programada. Na vida dela, sou um dos poucos elementos espontâneos. Acho que ela gostava de me manter assim.

Percebi que eu levava até meu próprio comportamento para o campo pessoal, pois via em minhas ações provas de imensas falhas de personalidade, do que não deveria fazer. Portanto, parei de me antropomorfizar e lancei um olhar renovado sobre os motivos pelos quais passo o dia correndo. Não é por ser uma perfeccionista maníaca, como sempre me pareceu, mas simplesmente porque duas profissões, a de garçonete e a de jornalista, me ensinaram a não perder um segundo. O trabalho no restaurante me treinou a executar muitas tarefas ao mesmo tempo e a estar sempre em movimento, a tal ponto que não consigo ir da sala de estar para a cozinha sem acender ou apagar lâmpadas, recolher os jornais ou xícaras de café espalhados, ajeitar a toalha da mesa ao passar pela sala de jantar e anotar mentalmente que preciso chamar alguém para lavar as janelas na primavera, tudo isso numa velocidade que deixa meu marido tonto.

E finalmente, por que aquela moça atrás de mim havia suspirado tão fundo? Não por ser implicante, mas por ter pressa e querer me apressar. Essa demonstração de agressividade deve ter surtido efeito muitas vezes. Ela era como um pavão abrindo as penas da cauda, um chimpanzé arrepiando o pêlo ou um lobo mostrando as presas. A intimidação e o suspiro eram modos de descarregar a frustração, de aliviar parte da angústia carregada de adrenalina, de ganhar uma briga sem, na verdade, ter brigado. Tudo bem, e talvez ela fosse mesmo impertinente. Fora isso, eu podia ter sido qualquer outra pessoa. Ela não estava contra mim, Amy Sutherland, mas contra quem a estava impedindo de usar o caixa eletrônico.

Logo, por que me contive à beira de descarregar os dois canos da minha espingarda verbal, ainda mais tendo, como eu tenho, uma grande pontaria? Porque percebi que estava reagindo de modo emocional àquela troca irritante, levando para o lado pessoal, o que era uma maneira de não raciocinar como um treinador de animais. Eu estava rugindo em resposta ao rugido dela. Estava reagindo ao que ela estava dizendo, quando deveria ter ignorado o que ela estava fazendo: procurar briga. Ela era o macaco puxando meu rabo-de-cavalo e, em vez de resistir a meus instintos, eu estava cedendo a eles, puxando-o de volta com toda minha força, tornando o jogo ainda mais divertido para ela. Evidentemente, meu autocontrole havia sido atingido. Para mim, era hora de, digamos, sair da jaula.

Respirei fundo, mas em silêncio; calei a boca, peguei o recibo e guardei-o na bolsa. Enquanto me afastava sem olhar para trás, ouvi o jovem animal às minhas costas soltar um derradeiro suspiro exagerado. Dentro do carro, onde sabia que ela não poderia me ver, respondi: abri um sorriso.

PREPARE SEU ANIMAL PARA O SUCESSO

Na escola de treinadores, quando o vento leste sacudia o zoológico de treinamento, os estudantes não trabalhavam com Sequoia, o veado-da-cauda-preta. O tímido animal, que detestava as rajadas quentes de vento, saltava contra as paredes do cercado quando elas sopravam. Os estudantes nunca manipulavam as grandes cobras quando estavam trocando a pele. Na muda, a pele acima dos olhos se afrouxa e lhes prejudica a visão. Isso pode deixar a jibóia ou a sucuri nervosas, principalmente quando uma mão fora de foco tenta segurá-las. Uma cobra na muda tem mais probabilidade de morder. Além disso, a experiência inquietante, pelo menos do ponto de vista do réptil, pode afetar sua opinião sobre o treinamento. Pode ser mais difícil pegar Precious, a sucuri amarela, da próxima vez, esteja na muda ou não.

Os treinadores querem ver seus animais se saírem bem. Como eles próprios dizem: "Prepare seu animal para o sucesso." Isso se faz de várias maneiras, que vão desde estabelecer metas realistas (evitando que o animal fique frustrado) até fazer sessões curtas de treinamento (evitando que o animal fique entediado). Essa também é a razão de não treinarem um animal que por algum motivo esteja enfrentando um dia ruim. Uma camela que acabou de ter filhotes não sente vontade de se sentar e ficar parada. Um leão-marinho doente não está em condições de se equilibrar sobre a cauda. Uma baleia beluga que foi ameaçada por outra baleia não consegue se concentrar num sinal manual. O treinador não somente perde tempo com um animal sem condições, como ainda transforma o treinamento em uma experiência desagradável. Também por isso o treinador precisa ser um observador astuto, além de autoconsciente, pois preparar o animal para o sucesso é uma via de mão dupla. Os dois animais, o que instrui e o que é instruído, precisam ser preparados para o sucesso. Por isso os treinadores também não trabalham quando estão doentes, preocupados, de mau humor ou muito *emotivos*. Eles não estarão em estado de alerta. A percepção do tempo pode estar prejudicada, ou pior ainda, eles podem não perceber algum detalhe sutil da linguagem corporal que esteja anunciando "Vou atacar você".

O que acontece quando o animal e o treinador estão num mau momento? Numa noite de verão em 1928, Mabel Stark, na época mundialmente famosa como domadora de tigres, entrou na jaula com seus grandes felinos para um espetáculo de circo em Bangor, Maine. Logo depois, dois tigres machos, Sheik e Zoo, arrancaram pedaços da pequena domadora em seu macacão de couro branco. Isso foi apenas o começo. Stark passou os dois anos seguintes entrando e saindo de hospitais, para se recuperar. Os tigres, segundo se apurou, não haviam jantado, além de terem passado o dia inteiro deitados na palha molhada. E quanto a Stark? Se os tigres não tinham sido alimentados porque o circo chegara tarde à cidade, a domadora, pela mesma razão, pode ter sido obrigada a se apressar, um estado psicológico longe do ideal mesmo para a melhor treinadora de tigres.

Assim como Stark, muitos de nós entram figurativamente na jaula quando não devem. É possível argumentar com uma criança cansada, faminta ou perturbada? A julgar pelo que já vi, não. É possível trazer à razão um amigo, cônjuge, pai ou mãe, empregado ou patrão que esteja cansado, faminto, doente, irritado ou de ressaca? De acordo com minha experiência, não é, mas muitos insistem. Com freqüência, escolhemos o pior momento, por exemplo, quando alguém desesperado porque perdeu um bicho de estimação, a bolsa ou o cheque de pagamento, para dar um sermão ("Se você tivesse usado a guia, ou tomado conta de suas coisas, ou depositado o cheque, conforme meu conselho, isso não teria acontecido!"). A intenção pode ser boa, mas normalmente o conselho cai em ouvidos moucos e provoca uma reação áspera. À semelhança dos animais, as pessoas não foram feitas para aprender lições quando não estão em seu estado normal. Sei que comigo é assim; quando minha asma ataca, mesmo de leve, só consigo pensar nos dois sacos de ar que não cooperam, ou seja, nos meus pulmões. Quando o açúcar no meu sangue diminui muito, qualquer informação não-relacionada com um sanduíche de queijo quente nada vale para mim. Levo algum tempo para perder a paciência, mas, quando isso acontece, fico surda até mesmo à proposta mais diplomática. À essa altura, conselhos funcionam tão bem para mim quanto para um rinoceronte que está atacando. É melhor calar a boca, correr a se esconder atrás da árvore mais próxima. Pela mesma razão, não tento "treinar" ninguém quando estou mal-humorada, triste ou com pressa, pois não terei condições mentais de controlar meu comportamento, mais especificamente minha língua. Se a probabilidade de qualquer interação produtiva for baixa, não devemos entrar na jaula.

Tal como um treinador, comecei a escolher melhor meus momentos. Por exemplo, este agora não é um deles. Scott e eu estamos atrasados de novo. A caminho de um jantar para o qual nenhum dos dois está muito empolgado, nós nos apressamos na noite escura. Scott pragueja olhando o relógio e pisa fundo no acelerador, pois o sinal está mudando para vermelho. Enquanto passamos embaixo de mais um "amarelo longo", aperto a tigela de salada que carrego no colo. Já estourei minha cota de acidentes de automóvel, um dos quais me fez parar no hospital e me deixou uma cicatriz fina, mas extensa, ao longo da coluna vertebral. Costumo ficar nervosa sobre quatro rodas, principalmente quando Scott está correndo. Apesar disso, dessa vez não digo nada.

Pedir a Scott que diminua a velocidade nesse momento seria o mesmo que agarrar uma cobra na muda. E eu também posso perfeitamente estar trocando de pele. Em vez disso, confiro mais uma vez se meu cinto de segurança está bem preso e vou para meu cantinho feliz, a loja de departamentos que tenho dentro da cabeça.

4
CONHEÇA SUA ESPÉCIE

Veja o *Elephas maximus* do ponto de vista de um treinador de animais. É importante, por exemplo, o fato de o elefante asiático ser gregário, preferir ter companhia e obedecer a uma hierarquia. A maravilhosa tromba desse animal é bastante forte para levantar um tronco pesado, mas suficientemente hábil para pegar uma moeda no chão. Por causa do grande volume corporal, os elefantes não podem saltar, mas podem se equilibrar sobre as patas traseiras ou sobre a cabeça. Herbívoros e gulosos, eles passam o dia todo comendo, e devoram até 150kg diários de cascas de árvore, gravetos, folhas, sementes, frutas e grama. Por isso a quantidade de esterco é homérica. Eles vivem em um estado de graça compartilhado por poucas espécies: não são nem presa nem predador.

Para um treinador, essas trivialidades têm implicações muito práticas. Para começar, não há razão para se tentar ensinar o maior mamífero do planeta a saltar. No entanto, o elefante, dotado de um probóscide poderoso, mas flexível, pode ser treinado para levantar delicadamente um ser humano.

Comilões, os elefantes respondem entusiasticamente a recompensas, principalmente bananas, fatias de melancia e folhas de palmeira. O fato de defecarem tão prodigiosamente significa que você vai passar mais tempo limpando do que treinando. Por não serem predadores, eles não cogitam você para a próxima refeição, como fariam os leões, mas, em função de seu tamanho, ainda podem matá-lo com facilidade.

Os melhores treinadores de animais aprendem o máximo possível sobre uma espécie: a história natural, os hábitos alimentares, a anatomia, a estrutura social e o habitat natural. Eles querem saber o que pode assustar o animal, se ele acorda às 6h da manhã ou às 6h da tarde, se prefere ter privacidade, se caça para comer, se é caçado, ou as duas coisas.

Os treinadores queimam neurônios estudando os detalhes de uma espécie, porque, na hora de treinar, toda essa informação faz diferença. Com um animal hibernal — por exemplo, uma raposa do Ártico —, não se deve trabalhar sob o sol. O bicho vai derreter antes de você conseguir ensiná-lo a cumprimentar dando a patinha. Não se pode esperar muito de um animal notívago ao meio-dia. Você vai gastar quase toda a sua energia apenas tentando acordar o dorminhoco. Se for ensinar um elefante-marinho a pegar objetos lançados a ele, boa sorte. Ele costuma engolir o que tiver na boca. Também não dá para treinar um veado-da-cauda-preta, que é uma presa, perto do tigre-de-bengala, um predador. Ao lado de caninos tão impressionantes, o veado não vai conseguir se concentrar em você, ainda que os dentes estejam dentro de outra jaula.

Embora os treinadores modernos adotem os mesmos princípios básicos com todos os animais, não podem ensinar a um da mesma forma que a outro. Uma abordagem padronizada não será bem-sucedida, pois a Mãe Natureza gosta de diversidade, daí o reino animal transbordar de individualidade. Como o lendário treinador de Hollywood Huber Wells costuma dizer: "De uma espécie a outra, não há dois animais semelhantes, nem mesmo dois insetos."

Por exemplo, o golfinho rotator, ao contrário de seu primo, o golfinho flíper ou nariz-de-garrafa, não gosta de brinquedos, nem de brincadeiras, nem de ser tocado por seres humanos. As lontras dos rios usam o focinho para explorar; a lontra marinha, especialista em procurar comida, usa os pés. Assim, é melhor treinar uma lontra de água doce para jogar bola com o focinho e uma lontra do mar para jogar bola com as patas. Os elefantes africanos, além de terem presas maiores, geralmente são considerados mais nervosos e agressivos que os elefantes asiáticos, relativamente dóceis. O africano pode ser treinado, mas o asiático é um aluno mais disposto, além de mais seguro, especialmente a fêmea.

Um bom treinador também aprende tudo o que pode sobre o animal enquanto indivíduo, como ele se comporta dentro da espécie: onde gosta de cochilar, qual o melhor amigo e quais os brinquedos favoritos dele, como vai a saúde em geral, qual é a história de vida dele. Na escola de treinamento, as duas fêmeas de babuíno-cinzento tinham personalidades completamente distintas, por virem de meios muito diversos. Olive, a nervosinha, foi capturada na selva, ainda bebê, e criada sozinha, o que nunca é bom para um jovem animal sociável. Por essa razão, tinha muitos hábitos neuróticos, inclusive brincar com os pés como se fossem bonecas. Quando perturbada, especialmente quando os alunos estavam limpando a jaula, sacudia-se violentamente, e até ficava batendo com a cabeça na caixa que lhe servia de abrigo. Já Rosie, a confiante, foi criada em cativeiro. Ela se sente bem à vontade com seres humanos e costuma ser muito alegre. Com freqüência, fica deitada de costas numa prateleira em seu cercado, apoiando a cabeça sobre o braço dobrado. Quando os estudantes trabalham com Olive, concentram-se em acalmá-la, melhorando-lhe o humor. Quando trabalham com Rosie, concentram-se no comportamento, ensinando-a a tocar um sino ou a se jogar nos braços deles.

Detalhes como tamanho, gênero e idade também são importantes. Os animais jovens podem não conseguir fixar a atenção pelo tempo necessário para o treinamento. Os mais velhos podem não ter habilidade física. Schmoo, a mais idosa fêmea de leão-marinho da escola, ainda gozava de assustadora lucidez aos 23 anos, idade considerada avançada, mas tinha catarata, o que lhe impedia de ver com clareza os sinais manuais. Os estudantes faziam uso de instruções verbais. Então, a audição de Schmoo também começou a ficar precária. Por vezes, os estudantes foram obrigados a desligar o filtro da piscina para que ela conseguisse ouvi-los.

AS ESPÉCIES PRESENTES EM MINHA VIDA

Inspirada, dirijo um olhar de treinadora para a adorável, mas às vezes confusa, espécie conhecida como *Marido Americano*. São animais hierárquicos e territoriais, principalmente no tocante a quem fica com o controle remoto ou ajusta os tons graves do aparelho de som. Têm boa visão, mas não enxergam bem à noite nem à luz de uma lâmpada de geladeira. São incapazes de ouvir os decibéis mais altos, principalmente aqueles que constituem a fala da esposa. Muitos consomem uma dieta principalmente carnívora e que inclui vacas, porcos, pássaros, ovos de pássaros e alguns cereais, de preferência fermentados ou na forma de salgadinhos. Alguns hibernam na estação do frio, também conhecida como temporada de futebol/basquete/hóquei. Alguns também hibernam no verão, também conhecido como temporada de beisebol. Podem ser muito habilidosos com ferramentas, embora a maioria se contente apenas em possuí-las.

A subespécie conhecida como Scott é um solitário, mas também um macho alfa. Portanto, a hierarquia é importante, mas estar em grupo não significa muito. Ele tem o equilíbrio e a graça de um lêmure, mas quando se prepara para sair ele se move devagar como uma preguiça. Esquiar é uma atividade natural para ele, mas ser pontual não. Animal diurno, pode facilmente ficar noturno como um jaguar, em especial quando descobre um novo estoque de vídeos do Borat no YouTube. Tem por habitat natural as estimulantes regiões climáticas de Minnesota, onde a neve é farta, mas a conversação não é. Com seus 1,80m de altura, supera o tamanho característico da espécie, sem falar que é mais esperto. Contudo, sua memória é imprevisível. Ele consegue ganhar de praticamente todo mundo em jogos de perguntas e respostas, mas somente porque os jogos não incluem perguntas como "Onde está sua carteira?". Adora cobras, mas foge das aranhas, a única coisa de que tem medo. Scott precisa de exercício, a ponto de ficar agressivo se não pedalar regularmente ou se ficar preso ao escritório por muitos dias. Ele é onívoro, além de ser o que um treinador chamaria de motivado por comida. Contudo, como um grande felino, é capaz de subsistir um dia inteiro, se necessário, com uma só refeição gigantesca, por exemplo, uma pilha de panquecas afogadas em xarope de bordo, preparadas por esta que vos fala. Seu lugar de repouso favorito: o banheiro, lendo. A parceira de jaula: eu.

E os outros animais em minha vida? Minha mãe é uma criatura sociável, mas não liga a mínima para seu lugar na hierarquia. Ela sempre segue a manada, mesmo que esta suba uma montanha, e ela, aos 70 e poucos anos, tenha medo de altura, e ainda que a filha tenha esquecido o mapa da trilha. Apesar de seu excelente humor, ela defende a comida, principalmente amendoim, além de se tornar agressiva quando você a chama de caipira ou sugere que use aparelho auditivo. Tão onívora quanto um gambá (uma vez comeu a folha de uma planta no consultório médico), ela pode sair comendo o que encontra pela frente. Depois da cirurgia nas costas, eu a vi comendo minha refeição do hospital: "Está muito gostoso", afirmou, devorando uma garfada de vagens murchas. Ela é diurna, mas se imagina noturna, o que tipicamente resulta em roncos ruidosos durante o noticiário das 11h da noite. Ao contrário da maioria dos humanos da mesma idade, ela ainda anseia por inovação e atividade, o que torna seu comportamento, na linguagem dos treinadores, superplástico. Ela também é espantosamente forte e levanta uma sacola de 25kg sem pensar duas vezes. Afora lugares altos, quase não tem medo de nada, a não ser da perspectiva de ficar sem algo divertido para fazer.

Na espécie conhecida como *Irmão Mais Novo*, temos a subespécie Andy. Ele é típico da espécie, pois em plena maturidade continua muito brincalhão, característica que manifesta pedindo que lhe puxe o dedo,[1] ou arrotando alto quando estou ao telefone sendo entrevistada ao vivo por uma estação de rádio. Com 1,90m de altura e 120 quilos, Andy é grande para a espécie. Como um elefante, ele pode machu-

---

[1] Brincadeira infantil de soltar um pum quando o dedo é puxado. (*N. da T.*)

car alguém sem querer; por exemplo, ao esbarrar em você quando demonstra sua quase capacidade de esquiar num só esqui. Assim como um elefante, ele também é poderoso. É faixa-preta em caratê; é capaz de derrubar em minutos uma divisória de gesso, incluindo a estrutura; e o mais importante para mim na fase em que morei em apartamento: ele consegue carregar no ombro um aparelho de ar-condicionado. Até onde sei, Andy não tem medo de nenhum estímulo. É motivado por comida, principalmente porque necessita dela em quantidades monumentais para produzir o gás tão importante em muitas de suas brincadeiras. No calor, ele murcha, tanto que na primeira oportunidade migrou de sua região de origem, Cincinnati, para Denver. Lá, no ar seco e ensolarado, Andy se sente bem e parece ter crescido mais alguns centímetros.

Na espécie gregária conhecida como *Amiga*, existem as subespécies Dana, Hannah, Becky, Nancy e Elise, entre outras. Como é característico da espécie, todas são animais altamente comunicativos, principalmente Dana, cujo habitat natural é Ohio, onde a conversação e a amizade, como frutas no solo da floresta, podem ser encontradas com facilidade. Elas também têm boa visão, e muitas podem facilmente ficar atordoadas pela visão de objetos brilhantes, em especial os pendurados nos lóbulos das orelhas de outras mulheres. Tal como um falcão peregrino, Nancy consegue enxergar de longe um sofisticado suéter de caxemira remarcado pela metade do preço e cair sobre ele a uma velocidade fantástica. Apesar disso, todas têm boa capacidade de concentração, seja para ouvir uma longa e emocionante história sobre como passei quatro anos tricotando um suéter com agulhas finas e ele ficou muito pequeno, seja para discutir em detalhes a teoria da evolução, a pintura renascentista italiana, ou as implicações éticas da pesquisa com células-tronco. Nenhuma delas é pequena para a espécie. Na verdade, muitas são altas, o que explica a desenvoltura que exibem. Elas não se assustam com facilidade. A dieta de todas inclui vinho, café, chocolate e filés malpassados. Hannah não consegue digerir laticínios nem glúten. Becky consegue, e com prazer. Os hábitos alimentares de Elise — nada no café-da-manhã, talvez nada no almoço e um copioso jantar não muito tarde — fazem dela uma criatura um tanto crepuscular, como um caracal, aquele gato selvagem com borlas decorativas nas orelhas, que caça pássaros ao pôr do sol.

Para poder raciocinar como um treinador de animais, eu também preciso me conhecer. Então, qual é minha subespécie? Sou intensamente diurna e ativa. Conseqüentemente, como quem se alimenta de néctar, preciso de um suprimento constante de calorias durante todo o dia. Sem combustível, eu me desmonto. Os estímulos assustadores incluem lugares altos, agulhas hipodérmicas e porões escuros. Apesar disso, sou o que um treinador consideraria um animal autoconfiante, até mesmo curioso. Na verdade, o excesso de rotina me faz ficar andando de um lado para outro. Como minha mãe, preciso de novidades. Como uma lontra marinha, sou capaz de passar o dia todo em busca de suprimentos, investigando com as patas as araras de roupas da ponta de estoque, as lojas de objetos para o lar e até mesmo meu próprio guarda-roupa. Sofro de uma grave alergia a poeira, uma das poucas coisas que podem impedir minha busca por suprimentos, principalmente em lojas de antiguidades. Meu lugar de repouso favorito: a praia. Sou gregária, mas preciso de solidão para ler, pensar e sonhar.

Caminhando por uma movimentada rua da cidade, agora vejo meus colegas primatas superiores — *Homo sapiens*. Nós, os machos e as fêmeas, somos uma espécie marcadamente hierárquica, o que se manifesta todo dia em milhões de formas pequenas e grandes, que vão do tom de voz usado para com os demais até a decisão de qual país vai ocupar qual assento nas Nações Unidas. Também somos territoriais e rápidos em fincar nossa bandeira demarcatória, seja com uma toalha de piquenique, seja com uma cerca de arame. Propensos a colaborar, porém competitivos, somos uma espécie cujos objetivos sempre entram em conflito. Temos visão aguçada, audição razoável e olfato abaixo da média. Preferimos ter privacidade para dormir e para acasalar, mas não para comer, o que se aplica até àqueles entre nós que defendem sua comida. De tão onívoros, podemos nos dar o luxo de ser comensais exigentes e até expressar nosso lugar na escala social pela escolha do prato de entrada. Nosso habitat natural é qualquer lugar, exceto a Lua (por enquanto). Somos fundamentalmente bípedes e terrestres, mas subimos em árvores, nadamos e, graças aos polegares opostos e ao uso de ferramentas, também podemos voar. Temos uma capacidade cerebral altamente desenvolvida, mas essa é a palavra-chave: capacidade. Fisiologicamente, somos capazes de plantar bananeira, dar uma estrela e uma cambalhota, mas a maioria prefere não fazer nada disso. Os membros mais jovens da espécie, a exemplo de todos os animais, são cheios de energia e até mesmo imprudentes, principalmente os machos, o que pode torná-los incômodos para nós, os mais maduros. Vivemos muito, principalmente porque, ainda mais que os elefantes, não somos caçados, a não ser por um ataque esporádico de tubarão ou urso pardo. Em conseqüência, costumamos ser autoconfiantes, o que deixa livre nossa curiosidade, mas também nos torna descuidados. Somos altamente comunicativos, a ponto de, como os papagaios, gostarmos de nos comunicar só pelo prazer da comunicação.

———

Apesar de ser engraçado analisar assim os seres humanos, há um sentido nisso. Se eu quiser preparar meu animal para o sucesso, preciso saber o que é fácil para ele e o que não é. Por exemplo, como animal noturno que é acordado muito cedo, Scott desperta toda manhã como quem volta de entre os mortos. Viajar ou fazer qualquer coisa no início da manhã é uma provação para meu marido. Acordá-lo antes das 7h é como ensinar um elefante-marinho a apanhar objetos no ar. Dá para fazer, mas no processo muitos brinquedos serão engolidos.

É melhor trabalhar com as características mais fortes da espécie. As aves de rapina podem aprender a caçar quando mandadas porque são caçadoras naturais. Os babuínos saltam muito alto nas pastagens africanas, portanto, aprender a saltar quando mandados não é esforço algum para eles. O mesmo acontece com os golfinhos em liberdade: dão cambalhotas e se contorcem como ginastas olímpicos em mar aberto. Da mesma forma, Scott, natural de Minnesota, gosta de tudo que se relaciona com neve: esquiar, olhar para ela, falar sobre ela e, o que é mais importante para mim, removê-la. Só preciso lhe entregar uma pá e os flocos de neve começam a voar. Ele gosta de roupas e móveis, e de almoçar fora — diferente de tantos maridos, prontamente me acompanha nas excursões de compras. Dada sua tendência noturna, em caso de necessidade, pode ficar acordado uma noite inteira, terminando de pintar um cômodo. Ele é flexível e curioso, o que faz dele um viajante natural, e também é destemido, o que lhe dá coragem para dirigir um carro alugado numa cidade estrangeira.

Comportamentos instintivos podem funcionar de duas maneiras: eles facilitam ou dificultam o treinamento. Mas são fatos da vida. Os treinadores sabem que alguns comportamentos são tão arraigados que talvez nunca sejam removidos pelo treinamento. Eu lhe desejo sorte se você for ensinar um camelo a não cuspir ou um pombo-correio a não voltar para casa. A raposa nasceu para viver na toca e o papagaio, para alisar as penas com o bico. Mesmo os melhores treinadores terão dificuldades em convencer esses animais a agir de modo diverso. Na verdade, a tentativa pode ser uma grande perda de tempo.

Tal como um treinador, aceitei que alguns comportamentos talvez estejam enraizados demais para mudar. Assim como não se pode impedir o texugo de cavar, não há como impedir meu marido de perder a carteira ou as chaves. Assim como os gansos migram, também meu marido passa uma parte de cada mês de julho em frente à televisão, assistindo ao Tour de France. Durante três semanas, no auge do verão, nossa casa se enche do som das nítidas consoantes britânicas do locutor Phil Liggert e dos estalidos das cremalheiras de inúmeras bicicletas girando sem parar. Assim como o urso polar é carnívoro, também meu marido é um leitor de banheiro. Posso remover todos os catálogos de ciclismo e esconder todos os livros sobre música popular, mas em seguida ele estará lá com um volumoso romance de Don DeLillo. É mais fácil eu mesma remover uma aranha do quarto que tentar convencer Scott a fazê-lo. Contudo, se você precisar de alguém para pegar uma cobra, ele é o homem certo.

QUEM SENTE O CASTIGO É QUEM É CASTIGADO

Para travar conhecimento com seus animais, o treinador procura saber o que lhes agrada e o que lhes desagrada. As duas coisas podem ser igualmente características. Para alguns animais sociáveis, a saída do treinador no final da sessão pode ser uma experiência negativa. Conheci alguns macacos-aranha que não suportavam ver o treinador sair da jaula. O homem precisava desenrolar dos braços as caudas dos animais e tirar do pescoço os dedos negros. Para outros bichos, a presença do treinador pode ser uma punição, principalmente se ele se aproximar muito. Na escola de treinamento, esse era o caso do preá, um roedor sul-americano que ficava tão assustado quando alguém se aproximava da gaiola que se atirava contra a tela na desesperada tentativa de escapar.

A forma de os treinadores observarem os animais para decidir o que é castigo e o que não é também me deu o que pensar. Se um brinquedo que parece totalmente inócuo para o treinador deixa o macaco nervoso, então ele é um castigo para o animal. O importante não é o treinador achar que o brinquedo assusta, mas o animal sentir assustado. Se o fato de você virar as costas para um cão durante uma sessão de treinamento faz o animal se encolher, isso é um castigo, mesmo que, para você, pareça uma atitude irrelevante.

> Nós, os seres humanos, geralmente adotamos uns com os outros a abordagem inversa. Quem decide o que pode funcionar como castigo, até que ponto e por que método é em geral quem castiga. Essa abordagem produz punições pouco eficazes, desproporcionais e até mesmo acidentais. Isso ocorre porque as pessoas tendem a punir os outros com aquilo que seria punição para elas próprias. Se você odeia ouvir gritos, provavelmente gritará com alguém que queira corrigir. Porém, nem todo mundo detesta gritos ou pelo menos não os detesta tanto quanto você. Um seleto grupinho adora uma boa competição de berros. Da mesma forma, se você não se importa de rugir, talvez não perceba como isso pode ser incômodo para os outros. Você talvez solte a voz achando que isso não é nada demais, porém a pessoa que recebe seus gritos pode começar a chorar. Se você pensar como um treinador de animais, vai perceber as lágrimas e baixar a voz. Bem, se você fosse um treinador de animais progressivo, nem mesmo teria começado a gritar.

Elaborei regras gerais sobre comportamentos que rotulei de "instintivos", o que não significa que absolutamente não possam ser mudados. Apenas seria difícil mudá-los e talvez nem valesse a pena tentar fazer isso. Minha primeira regra tinha a ver com a idade relativa do comportamento. Em geral, quanto mais antigo o comportamento, mais fundo ele está enraizado. Por exemplo, mesmo quando ainda era meu namorado, Scott precisava de um GPS para localizar a carteira. Só aí já se vão uns bons 15 anos de carteiras perdidas. Minha teoria é de que ele vem perdendo a carteira desde que ganhou a primeira, na sétima série do ensino fundamental.

Em seguida, pergunto: o comportamento deriva de uma característica fundamental? Meu marido é um tanto sonhador, meditativo, o que faz dele um bom escritor, porém inclinado a passar pela rotina diária sem prestar atenção em que lugar, por exemplo, deixou a carteira ao entrar em casa. A questão se perdia enquanto ele redigia mentalmente um parágrafo ou planejava o roteiro do passeio de bicicleta que daria mais tarde. Considerando que duas de minhas regras se aplicavam à carteira extraviada de Scott, abandonei qualquer intenção de lhe alterar esse aspecto. Nesse jogo, com dois acertos o comportamento está descartado, ou seja, não se faz qualquer plano de treinamento para ele.

Finalmente, se alguém nem desconfia que faça determinada coisa, meu lema é "Atenção!". Gente que fica assobiando, tamborilando na mesa, chocalhando moedas no bolso, em geral nem sequer sabe que está incomodando até alguém gritar "pare com isso!". Todos nós temos esses pequenos hábitos tão enraizados no subconsciente que não os percebemos. Quando alguém chama atenção para meus pequenos cacoetes, respondo: "Eu faço isso?" Minha mãe usa constantemente a expressão "uma gracinha" (por exemplo, "Isso não é uma gracinha?"). Quando lhe chamamos a atenção para isso, ela responde: "Eu ando dizendo isso tanto assim?" Com freqüência, esqueço de fechar a mochila na qual carrego meu computador, apesar de estranhos e até mesmo um policial em Boston terem chamado minha atenção para o fato. Tenho o hábito de rir muito alto, coisa de que não tinha consciência até meu marido, constrangido como um reservado nativo de Minnesota, criar o hábito de me dar um tapinha na perna toda vez que gargalho. Apesar do tapinha, eu ainda gargalho sempre que acho algo muito engraçado.

Não consigo evitar. Meu cérebro vê uma coisa engraçada e envia às cordas vocais a mensagem: "Manda ver!" Também não consigo evitar deixar gavetas abertas. Você pode traçar um mapa do meu percurso pela casa porque por onde passo vou deixando uma trilha de gavetas de cozinha, de cômoda, de bufê, abertas atrás de mim. Isso deixa Scott maluco, mas, por mais que eu tente me lembrar de fechar as gavetas, isso simplesmente não acontece. Meu cérebro diz "Abra!" e não diz "Feche!". Scott tem o problema inverso com cortinas. Por ser uma subespécie muito zelosa da privacidade, ele fecha as cortinas até quando vai tirar o relógio. Depois, sai do quarto e o deixa às escuras. Já lhe pedi inúmeras vezes para abrir a cortina. Uma vez até lhe expliquei que os *Shakers*[2] consideravam essencial à saúde deixar a luz natural iluminar os cômodos. Ele diz que *realmente* abre as cortinas. Não é verdade. A prova é o quarto na penumbra.

Bem, nós dois poderíamos imaginar brilhantes estratégias de treinamento para mudar esses comportamentos que nos incomodam, mas a tarefa seria tão longa e trabalhosa quanto tentar fazer um guaxinim parar de lavar a comida. Assim como desejo preparar meu animal para o sucesso, quero fazer o mesmo por mim; logo, é melhor não traçar metas quase impossíveis, principalmente se o comportamento tem pouca importância em relação à situação geral. Portanto, parei de mencionar as cortinas. Ao escrever isso, acabo de perceber que Scott também não fala mais das gavetas. Não vale a pena ele ficar me enchendo o saco, justifica. O treinamento de animais pode finalmente nos ter ensinado a não brigar à toa.

---

[2] Seita protestante surgida na Inglaterra no início do século XVIII, cujos adeptos emigraram para os Estados Unidos em 1774. (*N. da T.*)

Além disso, mesmo que você pudesse conseguir fazer um guaxinim parar de lavar a comida, será que iria querer fazê-lo? Afinal, aquele hábito é uma boa parte do que faz dele um guaxinim. Os treinadores não querem animais autômatos. Boa parte do que torna humanos os seres humanos é o fato de não sermos perfeitos. Temos manias, cacoetes, pequenas falhas genéticas que fazem de nós o que somos. Conhecer seu animal também é aceitá-lo, com instintos e tudo.

5
POR QUE PAREI DE RECLAMAR

Da minha mesa de trabalho, posso sentir o cheiro das roupas de ciclismo do Scott. A pilha fétida está no chão de nosso banheiro, onde meu marido a deixou depois de tomar banho. Revelou-me orgulhoso que pedalou 56 quilômetros. De minha mesa, sinto o cheiro de cada gota de suor que todos esses quilômetros extraíram de meu esbelto marido. Franzindo meu nariz sensível, fecho a porta do escritório e volto a trabalhar.

No passado, quando Scott deixava as roupas suadas de ciclismo fermentando no banheiro, eu lhe pedia que as recolhesse. Se ele não fizesse isso, eu tornava a pedir, e pedia mais uma vez, tapando o nariz ou segurando o pescoço como sufocada. Eu lhe perguntava se a Agência de Proteção Ambiental havia aprovado a limpeza de lixo tóxico em nosso banheiro. Mas com o tempo fui perdendo o senso de humor e me tornando mais irritada a cada vez que pedia.

Eu me repetia muito com meu marido, pedindo-lhe várias vezes que jogasse fora os lenços de papel usados que empilhava junto à alavanca de câmbio do carro. Quando íamos sair para o cinema, eu perguntava várias vezes, pela porta do banheiro: "Você está pronto?" Começava dúzias de sentenças com "Detesto parecer disco furado, mas...". Nem mesmo a surdez conjugal dele, que aumentava na razão direta das vezes que eu me repetia, conseguia me fazer parar. Quando Scott finalmente atendia meu pedido, em geral eu já estava irritada demais para conseguir agradecer.

Eu era uma chata. Mesmo que por vezes desse um toque de criatividade às palavras, era uma tremenda chata. Isso me enfurecia ainda mais com Scott. Ele me forçava a choramingar e reclamar para conseguir o que queria. Pelo menos era o que eu pensava, até ver como os treinadores de animais fazem isso — ou melhor, não fazem isso.

Observei que não é com reclamações que os treinadores conseguem fazer um leão-marinho bater continência. Nem é se lamuriando que ensinam o babuíno a bater palmas, nem mostrando ao elefante seus erros que lhe ensinam a pintar. Na verdade, os treinadores que observei raramente corrigiam os animais.

———

Os adestradores progressivos recompensam o comportamento desejado e, igualmente importante, ignoram o comportamento indesejado. Essa abordagem revolucionária vem do mundo dos treinadores de mamíferos marinhos. Eles não inventaram esse método (conhecido como "domar", no linguajar do circo, e como "treinamento afetivo", em Hollywood), mas foram os primeiros a codificá-lo, a mostrar como ele funcionava bem e a adotá-lo com exclusividade. Você não encontrará um treinador de mamíferos marinhos que não trabalhe exclusivamente com o reforço positivo. Pelo menos, não deveria encontrar.

Os primeiros treinadores de golfinhos tinham nas mãos um quebra-cabeça cinzento e cheio de dentes. Como treinar um animal que não podemos tocar? Num mamífero marinho não se pode colocar rédea ou guia. Se o golfinho não gostasse do treinamento, poderia nadar para longe ou mergulhar. Embora estivessem no cativeiro, os golfinhos não podiam ser obrigados a passar pelo treinamento. Eles tinham de ser atraídos. De que maneira?

A resposta foi encontrada no condicionamento operante proposto pelo psicólogo B. F. Skinner, da Harvard University, na década de 1930. Em seu laboratório, Skinner demonstrou que o comportamento é afetado por suas conseqüências. Um resultado positivo estimula determinada ação, tornando provável que um ser vivo venha a repeti-la. Se um pombo der uma bicada numa tecla de piano e uma semente aparecer, o pássaro continuará a tocar. Com um número suficiente de sementes na hora certa, você poderá ter em mãos um Rachmaninoff alado. Parece óbvio que todas as criaturas repetirão aquilo que lhes traz alguma vantagem, mas Skinner provou isso como verdade científica e é a maneira fundamental pela qual aprendem todos os animais, inclusive os humanos.

Skinner descobriu que o resultado negativo também pode afetar o comportamento. Se ao bicar uma tecla o pombo levar um choque, podemos apostar com segurança que o pássaro abandonará qualquer sonho de fazer carreira como concertista. Mas a equação comportamental se complica com a punição. Os experimentos de Skinner mostraram que as medidas corretivas surtem um efeito; porém, este não é previsível. O pombo pode descobrir um modo de bicar a tecla muito levemente, *pianissimo*, e evitar o choque. Ou se for uma ave muito rara, o Glenn Gould dos pombos, pode decidir que a arte vale uma dor ocasional, ou até mesmo regular. Com o tempo, ele poderá ficar dessensibilizado e deixar, por completo, de sentir a dor. Ou até passar a gostar da sensação.

A DESSENSIBILIZAÇÃO

Como primeiro passo para ensinar a leoa Kiara a entrar num caixote, os estudantes levaram o objeto para dentro do cercado dela. A grande caixa de madeira foi deixada ali para que o animal se habituasse a ela. E a leoa se habituou. Passou a descansar no alto da caixa, deitando-se sobre a barriga e enrolando preguiçosamente a cauda na lateral da caixa. Aquele se tornou seu lugar favorito para cochilar.

Dessa forma, os estudantes dessensibilizaram a leoa para a caixa. Especificamente, acostumaram o animal com o objeto, o que é uma forma passiva de dessensibilização. Simplesmente deixaram que o tempo fizesse o trabalho. Quanto mais tempo a caixa ficava na jaula de Kiara, mais familiar o objeto se tornava e mais fácil era treinar o grande felino a entrar nela. Da mesma forma, essa é a razão pela qual uma punição pode perder o efeito com o tempo. Os animais, inclusive humanos, podem se habituar a quase tudo; portanto, você acaba aumentando a intensidade da coleira de choque ou deixando a criança de castigo por mais tempo.

A habituação é uma das maneiras pelas quais os treinadores acostumam o animal com alguma coisa nova que poderia incomodá-lo ou que claramente o incomoda. Por exemplo, para ajudar os animais a se acostumarem com a aparência de um veterinário, os treinadores podem usar impecáveis jalecos brancos. Ou podem usar o contracondicionamento, um modo ativo de dessensibilizar o animal para algo que o incomode. O contracondicionamento consiste em tornar positiva uma experiência negativa por associação com alguma coisa boa. O preá da escola tinha horror de seres humanos, o que significava que, quando esse roedor sul-americano precisava de cuidados veterinários, tinha de ser agarrado, ou seja, perseguido dentro de sua gaiola, o que só aumentava o temor do animal pelos humanos. A título de trabalho para nota, uma aluna se propôs a contracondicionar o roedor para pelo menos um ser humano, ela própria. A cada dia, a aluna se aproximava mais alguns centímetros da jaula do animal. Se ele não se escondesse atrás de uma moita, a estudante lhe dava como recompensa uma porção de pelotas de alfafa. Com o tempo, ele foi permitindo à estudante se aproximar cada vez mais, até que um dia o animal comeu as pelotas diretamente da mão da aluna. Uma experiência ruim se transformou em outra, no mínimo, neutra.

Os seres humanos usam a habituação o tempo todo. Com o tempo, habituamo-nos com o ruído do tráfego, com a queda dos termômetros quando o inverno avança e novamente com a elevação do termômetro no auge do verão. Em 13 anos de casamento, Scott me habituou com suas pilhas de correspondência, roupas e livros. Da mesma forma, eu me habituei a tal ponto com a gritaria de uma redação que, quando saí do jornal, tive de me acostumar com o silêncio de trabalhar em casa, sem ninguém gritando resultados de jogos por cima da minha cabeça ou xingando o computador a meu lado. Quando fazia a pesquisa para o livro anterior, passei tanto tempo no espaço confinado da sala dos répteis que me habituei com um de meus maiores medos, o de cobra. As horas passadas ao lado das serpentes, observando os estudantes alimentarem com um filhote de rato a bem-humorada jibóia Ceylon, ou carregarem Precious, a sucuri amarela, para tomar sol no calçamento, provocaram a mudança. Quanto mais tempo eu passava com os répteis, menos eles me assustavam. Cheguei a tocar uma cobra-do-milho. Ela era seca e macia. Soube que havia de fato perdido o medo quando pensei seriamente em comprar um dos filhotes de *Eryx conicus* do zoológico. O que me fez mudar de idéia foi pensar na volta para casa, de avião. Como passar pela segurança com um filhote de cobra?

Pessoalmente, eu lucraria mais usando o contracondicionamento. Se alguém me desse uma barra de chocolate, de preferência com caramelo e nozes, toda vez que eu subisse mais um andar de um arranha-céu, talvez eu superasse o medo de altura. Se uma enfermeira me desse um par de brincos toda vez que me aplicasse uma injeção, eu poderia superar minha fobia por agulhas. De todo modo, alguns técnicos de laboratório, pelo visto, têm prazer em ficar me exibindo uma agulha, o que equivale a perseguir um assustado preá em sua gaiola.

Apreciadores de lances dramáticos e impacientes por natureza, nós, os animais humanos, gostamos de superar nossos medos num salto grandioso e espetacular. O pro-

> grama de televisão chamado *Fear Factor* se baseia nessa idéia equivocada. Você tem medo de altura? Salte de pára-quedas. Tem pavor de insetos? Coloque a mão num frasco cheio de aranhas. Tem medo de espaços pequenos e escuros? Vá explorar cavernas. A única recompensa é ter sobrevivido à experiência e isso pode não representar um prêmio se você sair dela com o pavor redobrado.
>
> Há uma maneira mais gentil e produtiva de enfrentar o medo. Pergunte ao preá.

A punição produz os mesmos resultados pouco confiáveis nos seres humanos. E disso há exemplos em profusão. Para começar, vejamos as multas por excesso de velocidade. A ameaça de ser multado desanima muitos pés-de-chumbo, mas há quem acelere e fique de olho vivo nos radares do controle de tráfego. Alguns gostam tanto de correr que se lixam para as multas e saem alegremente pela estrada como foguetes.

Um exemplo mais específico pode ser visto na casa onde moro parte do tempo, situada em Portland, no Maine. Quando essa pequena cidade portuária criou o primeiro programa de reciclagem, atribuiu-lhe caráter punitivo. Para o lixo comum, os moradores têm de comprar sacos plásticos azuis. Qualquer outro tipo não será recolhido, mas abandonado na calçada. A idéia é fazer os moradores reciclarem mais, produzirem menos lixo e comprarem menos sacos de lixo. Para alguns, o plano funcionou, mas outros se recusaram a comprar os sacos e passaram a jogar os detritos domésticos nas lixeiras dos parques, que começaram a não comportar a carga. Alguns moradores passaram a roubar as sacolas azuis das prateleiras das lojas. Com o tempo, as lojas puseram os sacos de lixo atrás do balcão, junto com os cigarros. Agora, para comprar cigarros ou os sacos municipais de lixo, é preciso pedir ao caixa.

POR QUE A RECOMPENSA FUNCIONA MAIS

A pesquisa de Skinner mostrou que o reforço positivo é a maneira mais segura de alcançar o comportamento almejado. Com essa técnica, Skinner ensinou os pombos de sua pesquisa a caminhar descrevendo um oito, a jogar pingue-pongue e até a disparar um míssil (para esse objetivo, o Departamento de Defesa dos Estados Unidos deu a Skinner US$25 mil, durante a Segunda Guerra Mundial, mas depois desativou o Projeto Pombo). Os treinadores progressivos também usam o reforço positivo. Não porque sejam almas santas em busca do Prêmio Nobel da Paz, mas criaturas extremamente práticas. Não usam o reforço positivo porque seja politicamente correto, coisa que ele é, mas porque funciona melhor.

O reforço positivo é mais eficiente por diversas razões, mas principalmente porque motiva mais. Pense no seguinte: quando é que você faz um esforço a mais? Quando pode conseguir o que quer — um elogio, um beijo, um bônus — ou quando evita algo que não quer — uma crítica, uma cara feia, uma redução de salário? É um alívio deixar de levar um chute no traseiro, em sentido literal ou figurado, mas isso não representa uma grande recompensa. É por isso que geralmente as criaturas só fazem o necessário para evitar uma reprimenda. A punição pode motivar, mas não deixa ninguém de olhos brilhantes como uma recompensa. Vejamos, por exemplo, os impostos. Você se empolga em preencher e enviar sua declaração? Talvez, se esperar, uma suculenta restituição. Duvido que o faça se, como eu, tiver imposto a pagar à Receita Federal. Como só pago impostos para evitar multas, dedico a eles a menor quantidade possível de energia, o que significa deixar para o último minuto as tarefas de reunir documentos, preencher formulários e enviar pelo correio no último dia do prazo, junto com legiões de outros animais humanos desmotivados. Podem nos chamar de postergadores e nos censurar à vontade, mas o que temos a ganhar se enviarmos a declaração mais cedo? Imagino que poderíamos nos gabar de já ter enviado a declaração e zombar dos retardatários, mas em minha opinião isso não é recompensa.

Os treinadores progressivos desejam ver nada menos que entusiasmo, brilho, alegria de viver. Tudo isso podia ser encontrado na escola de treinamento, principalmente no cercado da hiena. Bastava um treinador-aluno aproximar-se da jaula de Savuti para este se transformar num turbilhão de comportamentos. O animal se sentava, apanhava objetos lançados, corria em círculo, levantava uma acha de lenha, pousava firmemente as patas dianteiras na prateleira da jaula, tudo isso sem precisar ser mandado. Olhava o treinador com olhos brilhantes, como se dissesse: "Que tal isso? Ou isso aqui? Ou mais isso?!" Estava "despejando comportamentos", como dizem os treinadores — exibindo seus truques para ver qual deles lhe renderia um pescoço de galinha. A hiena era tão motivada que os estudantes ensinaram-na a criar os próprios movimentos, o que chamaram treinamento inovativo. Em resposta a um sinal manual, fazia alguma coisa que ela mesma tivesse imaginado, como um de meus truques favoritos: colocar as patas dianteiras sobre a gaiola e apoiar o queixo nelas, como uma mocinha de novela.

Um dia eu estava olhando Savuti quando a hiena, obedecendo a uma ordem, apoiou contra a jaula o longo pescoço pintado. Então, uma estudante beliscou levemente o pescoço peludo do animal. Savuti continuou imóvel, conforme solicitado. A estudante estava ensinando a hiena a deixar que um veterinário coletasse sangue de sua veia jugular. Ao expor o pescoço dessa maneira, Savuti se colocava numa posição terrivelmente vulnerável, mesmo para uma hiena. Por que o animal faria uma coisa dessas? Ela o fazia porque toda sua experiência com a estudante, de fato toda sua experiência de treinamento, havia sido positiva — até mesmo divertida. A hiena esperava mais experiências do mesmo teor. Ela confiava na estudante.

Eis a outra grande vantagem de usar o reforço positivo: ele gera confiança. Se para o animal o treinador representar uma fonte de experiências boas, cria-se uma relação de trabalho prazerosa e desinibida. A guru do treinamento, Karen Pryor, define assim a questão: o animal faz alguma coisa e é recompensado, ou nada acontece. Como não há punição, o animal não tem nada a perder, não tem razão alguma para desconfiar do treinador.

Steve Martin, que se especializou em aves planadoras, mas trabalhou com uma variedade de espécies, compara essa confiança a uma conta bancária. Sempre que o treinador tem uma interação positiva com o animal, faz um depósito numa conta de boas vibrações. Quando o treinador faz algo de que o animal não goste — dar um tapa no focinho de um grande felino, esguichar água no rinoceronte para fazê-lo entrar no abrigo onde passará a noite, tomar um brinquedo do macaco —, isso corresponde a um saque. O ideal é manter um saldo bem grande, principalmente no caso de Martin, em que as aves podem simplesmente abrir as asas e ir embora.

Finalmente, com o reforço positivo, você ensina ao animal o que *deseja* que ele faça. Estimula, em vez de desestimular. O problema de usar desestímulo é que ele apenas evita um comportamento que você não deseja. Ele não promove nem ensina automaticamente o que você deseja. Na escola, os estudantes dedicavam muito tempo e energia a fazer com que um turbulento camelo, Kaleb, parasse de ter acessos de pirraça. Quando ele tinha um ataque, o resultado era muita gritaria e puxões na guia. Aos poucos, o camelo se acalmava. Porém, evitar que ele atacasse e ficasse dando coices não era o mesmo que ensinar-lhe o que se desejava: que caminhasse tranqüilo, puxado pelo arreio.

Nós, humanos, partimos do princípio de que sinalizar o que não queremos torna evidente o que queremos. Os pais, principalmente, podem ficar tão ocupados tentando eliminar os maus comportamentos (como brigar e gritar) que se esquecem completamente de ensinar às crianças o que querem que elas façam (compartilhar e brincar tranqüilas.)

Quando eu tinha 14 anos, entrei de bicicleta na traseira de um carro, aterrissei no porta-mala e daí escorreguei para o chão. Fiquei um pouco machucada, tanto quanto ficou amassado o amor de minha vida, a bicicleta masculina Schwinn cor-de-laranja, com dez marchas. Mas nós ficamos bem. Na noite seguinte, voltei a subir na Schwinn, que me derrubou. Também acabei esse passeio empurrando a bicicleta de volta para casa, dessa vez com o pulso quebrado e um vergão na coxa, com a forma do cabo do freio. Quando entrei na cozinha mancando com um braço um pouco mais comprido que o outro, meu pai, que raramente castigava os quatro filhos, olhou para mim e berrou: "Vou tomar sua bicicleta." Aquela foi uma reação compreensível, porém, bastante impiedosa.

Além do mais, foi inútil. Papai teve boa intenção — dar um fim à minha onda de acidentes —, mas não podia me tomar para sempre a bicicleta de dez marchas. Em seguida, eu estava de volta ao selim, mesmo com o braço engessado. Nesse meio-tempo, sem ter aprendido absolutamente nada sobre como pedalar com segurança, eu agora estava dirigindo com apenas um braço. A punição dada por meu pai também me deu uma lição não-pretendida, algo que as punições geralmente fazem: mostrou que às vezes ele podia ser realmente um saco.

A PUNIÇÃO PODE FUNCIONAR, MAS...

Eu vi dois excelentes usos de castigo a animais, aplicados na hora certa e com eficácia. Um deles foi quando eu e Cathryn Hilker, a sociável treinadora de grandes felinos, estávamos num amplo cercado com dois jovens guepardos, no zoológico de Cincinnati. Estávamos sentadas no chão, acariciando o mais brincalhão dos dois, um manhoso macho que se esticava e ronronava enquanto lhe alisávamos o flanco malhado. De súbito, o irmão dele deu uma patada no ombro da treinadora. Praticamente no momento em que foi atingida, Cathryn estapeou a pata do animal, gritou "Não" e se pôs de pé. O felino saiu correndo. Eu me levantei, não tão rápida quanto um guepardo ou uma treinadora deles, mesmo uma de 70 anos. A patada dele parecia de brincadeira, mas os treinadores não querem jamais que um grande felino os veja como brinquedo, porque depois de se tornar brinquedo você está a alguns passos de se tornar presa. O castigo funcionou por ter sido imediato, medido e aplicado no momento exato em que o animal cumpriu o desejo da treinadora — tirar a pata de seu ombro.

O segundo exemplo aconteceu na escola de treinamento, onde Walter, um jovem búfalo, começou a levar as estudantes para passear nas imediações da instalação. A idéia era que elas o levassem para passear, mas com seus quatrocentos quilos, Walter facilmente dominava a cena. Numa das ocasiões o búfalo arrastou as alunas para fora da pista asfaltada e subiu no gramado, embora as jovens, atléticas, tenham fincado os pés no chão e contraído os bíceps. O animal abaixou a grande cabeça escura para beliscar um pouco de grama, enquanto duas estudantes puxavam a guia. "É melhor tirá-lo daí, porque ele está só se preparando para dar problema", avisou a professora, ex-treinadora de golfinhos. Zangadas e ofegantes, as alunas puxavam de novo, e nada. Walter continuava alegremente a mastigar. Paf! A professora estapeou com a mão aberta o pescoço de Walter, agarrando-lhe a guia. O búfalo, com cara de surpresa, acompanhou-a de volta à estrada.

A bofetada, dosada para surpreender, e não para machucar o animal, deu resultado. Assim como no caso do guepardo, o castigo foi imediato e proporcional ao crime, sendo interrompido no momento em que Walter parou de comer a grama e voltou à estrada. Contudo, a instrutora alertou as estudantes a utilizarem com critério aquele recurso. Primeiro, porque Walter poderia ficar dessensibilizado, o que forçaria os treinadores a bater nele com mais força para lhe chamar a atenção. Segundo, porque sempre que usa castigos, ainda que sejam criteriosos, você faz um saque da conta-corrente de confiança. E terceiro porque a punição pode ter efeitos colaterais desagradáveis: apatia, medo e agressividade. Nada disso favorece a aprendizagem. Um animal assustado ou ansioso não é um bom aluno. Um golfinho apático no fundo do tanque não pode aprender nada. Um búfalo furioso não está no estado de espírito ideal para receber instruções. Os treinadores não querem nenhum dos efeitos colaterais dessa tática, principalmente levar chifrada, mas quando utilizam a punição estão abrindo essa caixa de Pandora comportamental. De dentro dela, pode sair até vingança.

É por isso que Gary Priest, um ex-treinador de orcas, hoje supervisor de treinamento no San Diego Zoo and Wild Animal Park, adverte contra o uso de castigo, até mesmo o mais leve. Para ilustrar o argumento, certa vez ele aterrorizou uma sala cheia de participantes de um congresso de tratadores de zoológico e treinadores exibindo um vídeo que mostrava o ataque de uma fêmea de elefante a um jovem tratador. No dia em que foi atacado, o tratador havia batido na fêmea com um aguilhão, conhecido como ankus. Mais tarde, no momento em que estava ocupado removendo esterco no pátio dos elefantes, o jovem colocou o ankus no chão. No vídeo, é possível ouvir um estranho tinido ao fundo, causado pela tentativa da elefanta agredida de quebrar o aguilhão ao meio. Isso foi apenas o hitchcockiano prelúdio do que estava por acontecer. Sem conseguir quebrar o ankus, a elefanta decidiu quebrar o tratador, manobra que se mostrou muito mais fácil, pois ela o agarrou com a tromba e ficou sacudindo de um lado para outro. Os gritos do rapaz trouxeram outros tratadores em seu socorro. "Faça seus animais gostarem de você", aconselha Priest. "Não os castigue."

Esse é um caso extremo, mas os castigos produzem os mesmos problemas comportamentais nos seres humanos, em graus maiores e menores, e ainda mais: geram ódio, esse potente coquetel de medo, agressividade e apatia. A receita fica a cargo de cada um.

Como tantos membros de minha espécie, sou conhecida por reagir à punição com pequenos atos de vingança. Quando era garçonete, se um cliente me tratasse mal, por exemplo, estalando os dedos para mim ou gritando ordens, eu sorria e pedia desculpas, o comportamento desejado pelo cliente. Então ia para a cozinha e examinava as canecas. Nesse restaurante, servíamos a caldeirada de marisco nas mesmas canecas que usávamos para servir café. Depois de passarem pela lavadora, era comum as canecas ainda terem presos pedacinhos ressecados da caldeirada; portanto, quem atendia às mesas examinava as canecas antes de enchê-las de café, para ter certeza de que não havia restos. Clientes chatos, exigentes ou bêbados recebiam o tratamento inverso. Eu escolhia as canecas com resíduos para servir-lhes o café. Para que eles não vissem o que se escondia no fundo e demonstrando uma consideração aparentemente extremada, eu cuidava de manter suas canecas sempre cheias. De vez em quando, o café quente soltava um resto de ensopado calcificado, que aparecia boiando na superfície. Eu podia perder a gorjeta, mas aquilo valia cada centavo perdido, principalmente quando o cliente era um desses homens de negócios que ficavam gritando como garotinhas. Não use castigo com sua garçonete. Como Skinner e eu provamos, isso pode resultar em comportamentos indesejáveis e canecas idem.

À parte os efeitos colaterais, a punição pode obviamente ser eficaz e até produzir resultados mais rápidos que os obtidos com o reforço positivo. Nos tempos do ensino médio, uma das garotas descoladas me convidou para matarmos a aula de espanhol. Ficamos andando a esmo pela escola, mas passamos a maior parte do tempo escondidas no banheiro. Mais tarde, no corredor, cruzamos com o *señor* Scoby, nosso professor, que nos viu. Atrás dos óculos enormes, ele pareceu realmente magoado. Pouco depois, meu nome ecoava pela escola, saindo do alto-falante com ruídos de estática. Pela primeira vez na vida, fui chamada à diretoria por má conduta. Lá, um orientador baixinho, gordo e careca, com um afetado sotaque sulista, burocraticamente me informou de minha suspensão por um dia. Enquanto eu estava ali sentada, ele telefonou para minha mãe e lhe contou minha palhaçada. Quando cheguei em casa, ela, que raramente gritava, mandou ver. Como um tapa no pescoço do búfalo ou na pata do guepardo, meu castigo foi adequado, imediato e surpreendente. Também me caiu sob medida. Eu gostava da escola, portanto, sofria por não comparecer. Boa aluna e representante de turma, eu me preocupava com minha reputação. A garota descolada era esperta principalmente porque não se preocupava com a própria reputação. Duvido que a suspensão lhe tenha causado o mesmo efeito que a mim. Para dizer a verdade, matar aula não foi assim tão divertido — a garota acabou se revelando uma chata, como costuma ser quem não se importa com nada. Quanto a mim, pude ligar os pontos. Continuei a fazer outras coisas proibidas, típicas de adolescente, como chegar em casa depois da hora e arranjar uma carteira de identidade falsa para poder entrar em bares, mesmo sendo menor de idade. Mas perder aula, nunca mais.

Em geral, o que impede as punições de darem bom resultado é nossa mania de aplicá-las. Punir é a primeira idéia que ocorre a um ser humano. Usamos castigos como um reflexo, de modo desatento, preguiçoso e quase sempre excessivo. Não vemos com clareza o motivo do castigo que aplicamos. O senso de oportunidade é quase sempre falho. Aplicamos castigo muito depois de a ofensa ter sido cometida, às vezes quando o ofensor já está fazendo exatamente o que queremos, ocasião em que deveríamos estar dando a ele uma recompensa. Reagimos a um comportamento irrelevante motivados por uma longa lista de ofensas que podem se estender por anos. Recorremos a agressões e vitupérios no calor da hora ou só porque estamos de mau humor. Irritados ou emotivos, não dosamos a penalidade de acordo com o crime, portanto, o culpado acaba por se sentir injustiçado, em vez de arrependido. Isso pode irritar ainda mais o executor do castigo, fazendo com que este cresça exponencialmente. Às vezes, não estamos nada interessados na correção de um comportamento. Podemos encontrar motivos de punição só como forma de vingança, porque não gostamos de alguém ou queremos nos sentir superiores.

Como outros membros do reino animal, punimos para mostrar quem manda. Nós, primatas superiores, talvez as mais sociáveis das criaturas sociáveis, damos grande importância à hierarquia. Queremos saber quem manda. A resposta está sempre mudando, mas a pergunta está presente em muitos de nossos relacionamentos, casuais ou permanentes, no trabalho, na escola e em casa.

A dominação se manifesta nos detalhes. É por isso que cônjuges, pais, irmãos e patrões se incomodam pelas menores coisas. O marido de uma amiga minha explodiu com ela no início do casamento porque, ao preparar um bolo, ela bateu a manteiga com a farinha, e não com o açúcar. O certo seria usar o açúcar, mas aquilo não estragou a receita, nem o mundo. Tiveram outro conflito por conta da maneira como ela descascava cenouras. O real motivo das discussões deles? Decidir quem mandava.

Tal como meus amigos e muitos outros cônjuges, eu, inconscientemente, armei escaramuças para ter o domínio do meu próprio casamento, impondo a Scott "minha" maneira de ser — por exemplo, para pegar o trajeto mais curto até nossa praia favorita, a meu ver. Eu julgava estar ajudando meu marido ao lhe mostrar como cortar cebolas, mas o que eu realmente estava fazendo era fincar minha bandeira. Não admira que com tanta freqüência ele resistisse ao conselho que eu pensava ser bem-intencionado. Como ele resistia, eu rosnava. Chegava, segundo percebi, a deixar de ver alguma coisa bacana que ele tivesse feito, porque não era o que eu achava que ele deveria fazer. Certa vez, ele pintou de um amarelo vibrante o interior de nosso armário de casacos, reorganizou as prateleiras e instalou lindos cabides. Aquilo realmente me enfureceu, pois eu achava que ele deveria ter limpado o porão primeiro. O pior é que eu lhe disse isso.

MANTENHA SEUS ANIMAIS ALEGRES

Uma técnica tradicional de treinamento é deixar o animal sem comer, na suposição de que, se ele tiver fome, estará mais motivado a fazer o que pedimos. Essa é uma forma muito comum de trabalhar com aves, principalmente as de rapina treinadas para caçar. Os treinadores mantêm o peso dos gaviões, falcões e águias tão baixo quanto possível, para ter certeza de que as aves, famintas, voltarão ao caçador em busca de uma refeição e não voarão para o grande horizonte azul, por mais tentador que seja. Na prática, porém, esse recurso é arriscado, já que a diferença entre uma ave faminta e uma ave morta é de apenas alguns gramas, razão pela qual os caçadores pesam as aves o tempo todo.

Privar o animal de alimento não é um método progressivo. Os treinadores da nova escola não deixam os animais sem alimento porque isso pode causar mais problemas que soluções. Os animais recebem uma dieta básica todo dia, não importa como tenha corrido a sessão de treinamento. Os treinadores progressivos também não os privam de brinquedos, sessões de recreação ou qualquer coisa que melhore a vida do animal. Querem ver seus pupilos saudáveis e felizes. Esse é o melhor estado mental para a aprendizagem. Um animal faminto, solitário ou aborrecido provavelmente estará ansioso, pouco flexível e conseqüentemente perturbado demais para se concentrar na aula. Ademais, um animal faminto tem mais probabilidade de se tornar agressivo e morder. Quem já tiver feito uma prova de barriga vazia compreende o motivo.

O equivalente humano da privação de alimento seria a privação dos níveis diários recomendados de afeição, distração, aprovação, tudo de que geralmente precisamos para nossa felicidade. Como exemplo, podemos citar os pais que suspendem todos os privilégios até a criança trazer para casa um boletim com excelentes notas, ou um cônjuge que "dá um gelo" no outro até que este realize todas as tarefas de uma longa lista, ou um patrão que espera que os empregados se matem de trabalhar por uma satisfação mínima, digamos, um intervalo de almoço de 15 minutos. Essas são formas de motivar alguém pela punição, nesse caso por fazê-los infelizes até certo ponto. Qualquer treinador progressivo pode explicar por que essa abordagem não é eficaz. Se você utilizá-la, seu animal humano se tornará ansioso, irritado, até mesmo propenso a morder. Qual uma ave malnutrida, ele poderá simplesmente ir definhando, se você não tiver cuidado.

Na escola, o treinador Gary Wilson adverte aos estudantes que se acautelem contra esse forte instinto de dominar outros seres vivos, a que ele dá o nome de nosso "primata interior". Como respondemos tão intensamente à hierarquia, achamos que os animais também responderão. Alguns talvez o façam; muitos não. Você acaba apenas por assustá-los ou provocá-los. Infelizmente, essa premissa incorreta é encorajada por nossos melhores amigos no reino animal — os cães, espécie que geralmente perdoa com facilidade nossas maneiras impositivas —, assim como pelos adestradores tradicionais de cães, inclusive o imensamente popular Encantador de Cães, Cesar Milan, e por aqueles homens de preto, os Monges de New Skete[1]. Tanto o encantador quanto os monges recomendam que você se estabeleça na condição de cão dominante. Para isso, os monges recomendam deitar seu cachorro de costas e rosnar acima dele, o que admito ter feito com Dixie no parque perto de minha casa quando ela era um filhote. A cena me fez parecer maluca e ensinou a cadela a nunca deixar ninguém, nem mesmo o veterinário, colocá-la de costas ou de lado, atitude que causou problemas quando ela adoeceu.

Aplicar em relação às orcas o equivalente desse papel dominante causaria a morte do treinador. Não há como dar uma "chave de pescoço" numa baleia assassina. E mesmo que fosse possível, o treinador não desejaria. Os treinadores progressivos que conheci raramente usam dominação. Eles não precisam disso. Querem estabelecer com os animais uma relação de cooperação e os princípios do reforço

---

[1] Comunidade monástica da Igreja Ortodoxa Oriental nos Estados Unidos, que ensina um método de treinamento para cães. (*N. da T.*)

positivo funcionam bastante bem, não importa quem seja o dominador ou o dominado. Mara Rodriguez, que trabalha com os pumas na escola de treinamento, caminha ereta e de ombros erguidos, não para se impor como chefe, mas para não ter a aparência de uma presa. Não aceita a menor insolência, porque se o fizesse levaria os felinos a começar a cogitá-la como alimento. Mas quando quer motivar um puma a fazer alguma coisa, quando quer lhe ensinar algo, seu método é o reforço positivo.

———

Nós tememos que, se pouparmos a humanidade inteira de castigos, ela vá para o brejo. Talvez isso esteja no DNA, mas é certo que por volta da quarta série do ensino fundamental quase todos nós já aprendemos que o castigo é o motor do mundo dos primatas superiores. Convictos de que a disciplina soluciona tudo, nas ocasiões em que ela claramente falha, nosso instinto continua na ativa, por estranho que pareça e, por isso, pegamos mais pesado, gritamos mais alto, deixamos a criança de castigo por mais tempo, não falamos com o marido durante uma ou várias semanas, descontamos no pagamento do empregado.

Os treinadores que trabalham com reforço positivo têm de superar esse impulso humano. Ken Ramirez, do Shedd Aquarium, sequer os deixa usar a palavra "não" com os animais. Segundo ele, se os treinadores puderem passar a menor repreenda, acabarão por exagerar. Afinal, embora tenham um grande cérebro, são *Homo sapiens*.

Nossa humanidade, nossa fé cega no castigo, é uma das principais razões de Skinner não ter visto se realizar sua maior esperança: a de que o condicionamento operante melhorasse a vida da própria espécie. Entretanto, ele revolucionou o mundo do adestramento de animais, já que os primeiros treinadores de mamíferos marinhos fizeram uso dos princípios estabelecidos por ele e foram trabalhar com baldes de sardinhas. Karen Pryor foi uma dessas primeiras treinadoras de golfinhos. Quando, em 1963, ela pendurou um apito no pescoço, só havia trabalhado com cães e pôneis, usando métodos tradicionais. Ao treinar golfinhos com o reforço positivo, descobriu que podia conseguir muito mais. O método abria um excitante canal de comunicação entre as espécies. Mais que isso: esse estilo tornava o trabalho muito mais agradável para o animal e para ela.

Além dos golfinhos, Pryor começou a usar recompensas com aves, os atobás-do-pé-vermelho, no parque, e depois com seus animais de estimação, em casa. Então, algo de mágico aconteceu. O treinamento de golfinhos começou a se infiltrar na vida diária dela. "Parei de gritar com meus filhos", escreve ela em *Don't Shoot the Dog!*, "pois comecei a perceber que gritar não dava resultado. Ficar atenta aos comportamentos que me agradavam e reforçá-los quando aconteciam funcionava muito melhor e ajudava a manter a paz."

FAZER VISTA GROSSA

De minha mesa de trabalho, ouço Scott subir as escadas, entrar no banheiro e assoar o nariz; então ouço os passos dele descendo as escadas. Abro a porta do escritório com os dedos prontos para tapar o nariz, se necessário. O mau cheiro desapareceu. Apenas um vago cheiro de suor paira no ar. Entro para dar uma olhada. As roupas de ciclismo sumiram.

Ele deve tê-las recolhido, talvez até mesmo as tenha levado para a lavadora! Observo um detalhe: o vermelho do tapete está mais escuro no lugar onde as roupas estiveram. O suor penetrou a trama de algodão.

Grito para o térreo "muito obrigada" e, embora tenha vontade de repreendê-lo, consigo não dizer nada sobre a mancha, nem mesmo uma piadinha. Estou recompensando um comportamento que me agrada (ele ter recolhido as roupas) e ignorando o que não me agrada (ele ter deixado as roupas ali, e elas terem alterado a cor do tapete).

Isso é o que fazem os treinadores quando o animal erra, se comporta mal ou faz coisas que não desejam reforçar. Eles ignoram o fato. Há condutas que não podem deixar passar, como a de um elefante enfurecido, mas, se ninguém ou nada estiver a ponto de ser machucado, em geral o treinador progressivo finge que não está vendo.

Para muitos, essa atitude choca, por ser tão contrária ao que dita a intuição sobre nosso modo de lidar normalmente uns com os outros. Nós, animais humanos, tendemos a fazer o contrário, cobrindo de atenção o mau comportamento e ignorando o bom. Os pais não prestam atenção à criança que está quieta dentro do carro, mas viram a mesa quando o baixinho faz barulho. Os casais não pensam em agradecer pelas pequenas tarefas realizadas pelo outro, mas, se alguém se esquecer de tirar o lixo, o resultado é um furor assassino. Os empregadores consideram natural os empregados trabalharem pesado, mas os repreendem pelas mínimas infrações. Os treinadores de animais subvertem essa forma de pensar.

Para os humanos, é um choque constatar que ignorar o comportamento indesejável não possa gerar anarquia. As orcas não se amotinam. Os elefantes não iniciam uma insurreição. O urso polar não se revolta. O zoológico não vira um inferno, muito pelo contrário. Na verdade, sem sequer um tapa na mão o urso aperta o flanco nas grades para ser examinado, o elefante pincela delicadamente a tinta na tela, a orca equilibra com cuidado um ser humano sobre o focinho.

Ignorar o comportamento indesejável corresponde apenas à metade da equação. A outra metade envolve realçar e recompensar aquilo que se deseja. As duas coisas funcionam juntas. Eu me treinei para perceber quando alguém está fazendo o que *desejo*, seja um operador de companhia aérea que processa rapidamente meu *check-in*, seja um amigo que me convida para almoçar. Não importa se a pessoa estava fazendo seu trabalho ou seu dever — ela estava fazendo o que eu queria, ou não. Em caso positivo, então eu sorria, travava contato visual e tinha o cuidado de retribuir o convite do amigo para almoçar. Também percebi que às vezes estavam fazendo o que eu queria, mas acreditava não querer. Não gosto de falar ao telefone quando estou escrevendo, portanto, raramente o atendo durante o dia. Então percebi que não estava só demovendo amigos e parentes a telefonarem durante os dias de trabalho. Estava desestimulando qualquer contato comigo. Como desejo que mantenham contato, comecei a interromper o trabalho e atender ao telefone de vez em quando, ou pelo menos a ter o cuidado de ligar para eles assim que pudesse.

Em casa, percebi que meu marido estava fazendo muitas coisas que eu queria — lavando a louça do jantar, ligando o carro, trazendo a correspondência — e que eu estava aceitando tudo isso como algo natural. Comecei a lhe agradecer. Igualmente se ele tirava o lixo. Quando ele reduzia a velocidade do carro, eu mais uma vez agradecia. A cena se repetia quando Scott colocava no roupeiro uma camiseta usada, mesmo que a cadeira do quarto estivesse soterrada em metade do guarda-roupa dele. A questão é recompensar aquilo de que se gosta, e ignorar o que não nos agrada. Parei de comentar a barba crescida. Sem uma palavra áspera, pulava por cima das malas abandonadas no chão, embora algumas vezes eu tenha chutado a mala para baixo da cama.

De vez em quando escorregava, mas minhas queixas e críticas se reduziram drasticamente. No início, era difícil segurar a língua, mas consegui resultados muito rápidos e os bons resultados alimentaram meus próprios esforços. Feliz com minha crescente aprovação, Scott passou a fazer a barba com mais freqüência e a ficar um pouco menos colado no carro da frente. Além disso, quanto mais positiva eu era com meu marido, ou melhor, quanto menos crítica, mais depressa desaparecia sua atitude defensiva de marido. Quando eu lhe pedia um favor, ele se mostrava mais receptivo. Sua surdez conjugal melhorou miraculosamente. Scott parecia mais relaxado. Talvez tenha começado a confiar em mim de um modo inédito.

6
AS NORMAS DO REFORÇO POSITIVO

Os treinadores de animais exóticos não jogam comida para os macacos sem ter motivo. Nem sempre é manhã de Natal quando os treinadores tiram do tanque o leão-marinho. O camelo não ganha uma maçã só por ser camelo.

Os treinadores usam recompensas por alguma razão. Se não for assim, o reforço positivo perderá a força, ou pior, poderá agir contra eles, ensinando um comportamento não-planejado. Uma cenoura na mão do treinador pode ser apenas uma raiz pontuda e alaranjada, ou um saboroso agrado oferecido como sinal de amizade ou, se bem utilizado, um meio de ensinar o rinoceronte a recuar quando ordenado.

Por isso não me transformei em Miss Simpatia, a derramar sorrisos, cumprimentos, presentes e gratidão sobre qualquer um e todos. Nem me tornei uma esposa modelo dos anos 1950, recebendo Scott todo final de dia com um beijo, um martíni e um jantarzinho caseiro. Porém, só por ignorar os comportamentos que não me agradavam, sobretudo os do meu marido, tornei-me relativamente mais afável. Não ficar reclamando (bem, quase nunca) equivale a ser mais cordial.

Com Scott, eu ainda era carinhosa e solícita, mas, tal como um treinador, passei a guardar o reforço positivo para as ocasiões em que ele *fazia* algo específico de que eu gostasse e que desejasse estimular: levar os cachorros para passear quando o termômetro estava abaixo de zero (não foi para isso que Deus nos deu os nativos de Minnesota?); remover do jardim a enorme pilha de galhos, grama cortada e folhas secas (não pergunto para onde); e *me* receber com um martíni (gin, casca de limão, vermute seco, três azeitonas, taça gelada).

Shamu me ensinou a ser específica na premiação; parece fácil, mas em geral não é. Os princípios do reforço positivo são simples, porém complicados em sua aplicação, como podem atestar os treinadores. Vi alunos do curso de treinamento paralisados, com um pescoço de galinha na mão, tentando resolver mentalmente uma equação comportamental que parecia evidente até se verem cara a cara com o leão. Para eles, foi preciso aprender os detalhes mais sutis do reforço positivo, o que também precisei aprender.

O MOMENTO CERTO

Durante uma visita à família em Cincinnati, minhas duas sobrinhas perguntaram como o Scott ia se virar enquanto eu estivesse fora. "Vai usar uma cueca na cabeça", respondi. "Dormir numa grande pilha de roupas sujas. Lamber a caixa da pizza." Essa era apenas uma piada na qual obviamente eu estava exagerando, mas o cara já me deu muito material de trabalho ao longo dos anos. Já voltei de viagens e encontrei toalhas apodrecendo no banheiro, panelas incrustadas de resquícios de omelete dentro da pia e correspondência ainda fechada empilhada por todos os lados.

Depois dessa viagem, porém, cheguei em casa, abri a porta dos fundos e entrei numa cozinha impecável. Os balcões de inox reluziam. A cafeteira fora lavada. Não havia sequer uma panela gordurosa em nossa grande. "Meu Deus", digo, enquanto dou voltas em torno da bancada. "Muito obrigada, muito obrigada", grito para meu marido, que não está à vista. Nunca voltara para uma casa tão limpa. Isso exige um reforço positivo — e *imediato*.

O segredo do treinamento de animais é o senso de oportunidade. Você pode saber todos os sinais manuais e conhecer de trás para frente a história natural da espécie, mas, se chegar com um segundo de atraso, terá problemas em fazer até o animal mais interessado aprender um truque.

Os bons treinadores mostram ao animal o exato momento em que ele acertou um comportamento. Nem um segundo antes, nem um segundo depois. Quando o treinador está ensinando o elefante a barrir em obediência a um sinal, no segundo em que o animal alcançar a nota certa, o adestrador sinalizará: "É isso, é isso o que quero." Essa é a razão de os treinadores usarem apitos e *clickers* (aqueles aparelhos de plástico que estalam, também chamados de grilos) ou dizerem "Aí, garoto!". Esses recursos são conhecidos como marcadores ou pontes, sendo basicamente uma forma rápida e clara de informar ao animal: "Você acertou, lá vai a recompensa." Os treinadores usam pontes para comunicação instantânea com o animal quando este apresenta o comportamento desejado. Sem uma ponte, o treinador pode se atrasar em fornecer a recompensa e, quando jogar o peixe ou der a fatia ou o pedaço de banana, o animal já estará ocupado em fazer outra coisa. Essa outra coisa — o leão-marinho nadar para o lado oposto da piscina ou o cachorro se levantar quando você mandou deitar — acaba sendo o que você reforça. Portanto, sem uma ponte, a ação do treinador sempre será lenta. Com um marcador, o sinal é dado no momento exato. É por isso que o uso de apitos pelos pioneiros no treinamento de mamíferos marinhos foi uma grande inovação.

COMPORTAMENTOS SUPERSTICIOSOS

Quando ensinam algo ao animal por acaso, os treinadores chamam a isso comportamento supersticioso. Como os animais são rápidos para aprender e prestam atenção em absolutamente tudo, o fato não é raro. E pode acontecer de várias maneiras. Se ao ensinar um tigre a se sentar o treinador reagir com lentidão, talvez recompense o animal no momento em que este se senta e ruge. Que o animal se sentasse era só o que o treinador queria, mas agora o tigre pensa que deve fornecer o pacote completo.

Além disso, se treinar o animal a se sentar sempre no mesmo lugar, o treinador pode acidentalmente ensinar ao tigre que o ato de se sentar só é feito no canto sudeste da jaula e em nenhum outro lugar. É por isso que os treinadores praticam os novos truques em vários lugares, ainda que na mesma jaula, e com o animal voltado para diferentes direções.

Uma treinadora pode ensinar um comportamento supersticioso se acrescentar um sinal não-intencional. Se, sem perceber, ela inclinar a cabeça ao fazer o sinal manual, o animal talvez comece a esperar as duas coisas. Da próxima vez que ela fizer o sinal manual sem inclinar a cabeça, o tigre pensará "O quê?", enquanto a adestradora pensa "Por que esse tigre não se senta?". Ficam olhando um para o outro sem entender nada.

Os humanos também fazem inferências quando não deveriam, e são igualmente propensos a comportamentos supersticiosos. Há as coisas óbvias: os objetos e roupas que dão sorte, o sal jogado aqui ou ali. Até o mais racional entre nós tem um ou dois desses comportamentos. As crianças têm dúzias deles para a hora de dormir. Quando eu era pequena, precisava estar com meu "cobertor de bebê", um pequeno edredom cor-de-rosa de berço, cobrindo o peito e enfiado embaixo do queixo. Acreditava que ele me defendia de vampiros, zumbis e de bonecas Barbie que ganhavam caninos enormes no escuro. O motivo da crença? Toda noite eu dormia protegida pelo cobertor e nunca era mordida por um vampiro, um zumbi ou uma Barbie com presas.

Também há pequenos comportamentos e hábitos que, por acidente, ensinamos a nós mesmos. Não consigo me sentar em frente ao computador pela manhã sem uma xícara de café. Ensinei a mim mesma que não sou capaz de começar a digitar sem cafeína. É claro que posso. Quando parou de fumar, minha mãe precisou encarar uma longa lista de atividades cuja execução considerava impossível sem um cigarro aceso na mão. Sem ele, como poderia falar ao telefone, comprar mantimentos ou tomar café?

Os comportamentos supersticiosos são, em princípio, comportamentos que foram reforçados por acidente. A meu ver, o termo enfatiza a facilidade de ensinar a si ou aos demais algo cujo ensino não foi intencional. Se o comportamento parece produzir um bom resultado, quer isso ocorra ou não, ele se fixará. Quando o tempo parece instável, não saio sem guarda-chuva porque, se o fizer, o céu vai se abrir e descarregar um temporal sobre minha cabeça desprotegida. Sei que meu guarda-chuva não tem nada a ver com o fato de chover ou não, mas em algum lugar, nos recônditos do cérebro, experiências passadas associaram as duas coisas (com guarda-chuva na bolsa = nada de chuva; sem guarda-chuva na bolsa = temporal).

Embora a bolsa pese, esse comportamento supersticioso é inócuo. Outros, porém, podem ser prejudiciais. Tive um aluno que passava o semestre atrasando cada vez mais a entrega dos trabalhos. Depois de cada aula, ele vinha me procurar para discutir sobre seu atraso crescente e o impasse em que se encontravam suas tarefas. Comecei a detestar essas conversas previsíveis e inúteis. Então entendi que eu estava reforçando aquele comportamento que para ele havia se tornado supersticioso. Para completar o trabalho de uma aula, ele precisava se atrasar e conversar com a professora sobre o próprio atraso. Só então, sob forte pressão e cobrança, ele conseguia realizar as tarefas. Aquilo era o equivalente a ter um pé-de-coelho no bolso. Ao sondar outro professor, apurei que de fato o aluno se portava de maneira idêntica na outra matéria. Esse comportamento supersticioso não era inócuo, conforme comprovaram as notas dele, pelo menos na minha matéria.

A mente animal é de uma bela simplicidade. A natureza projetou os animais para viverem no momento presente. Não por não serem capazes de pensar adiante, ou no passado, mas porque conectam imediatamente os eventos simultâneos. Se um tigre apóia as patas dianteiras sobre a grade e imediatamente ouve um clique, acompanhado por um pescoço de galinha, o cérebro do animal registra: patas na grade = clique = pescoço de galinha. Se no momento que enfiar o nariz numa argola o golfinho ouvir um apito e em seguida ganhar uma sardinha, ele também fará uma anotação mental: nariz no brinquedo = apito = sardinha.

Toda vez que um treinador tiver um problema, o primeiro suspeito a investigar é seu senso de oportunidade: em geral, levou alguns segundos para soprar o apito ou fazer soar o clique. Isso freqüentemente acontece porque os seres humanos são os retardatários do reino animal. A maioria dos animais tem uma velocidade assustadora, da qual vivenciei inúmeros exemplos. Instruída por um treinador gregário, entrei na espaçosa jaula do lince vermelho e me sentei num empoeirado pneu de caminhão. De dentro de uma jaula menor, fora do cercado principal, o lince me observava. Eu não sabia o que o treinador tinha em mente até vê-lo abrir com um sorriso o portão que me separava do animal. Por uma fração de segundo, o gato selvagem esteve a uns bons seis metros de distância, com as orelhas em pé. No segundo seguinte, ele estava delicadamente pousado em meus ombros, roçando o corpo contra minha nuca, como se fosse um gato doméstico. Não tive tempo nem de soltar uma exclamação. Nem sequer o vi saltar. Devo ter, no mínimo, arregalado os olhos quando o gatinho selvagem me cheirou, porque o treinador, fora da jaula, rolava de tanto rir. Se eu fosse um cervo, estaria morta.

Não admira que os estudantes com freqüência apertem o *clicker* com segundos de atraso, marcando o comportamento errado e ensinando o animal a se sentar quando deveriam ensiná-lo a andar em círculo. Na escola de treinamento, a hiena Savuti era uma fonte tão rica de comportamentos que, se não ouvisse imediatamente o clique, por exemplo, por levantar uma tora na mandíbula espantosamente forte, ela tentaria outra coisa — levantar uma pata ou olhar sobre o ombro e sorrir. Em geral, só então os novatos no trabalho com ela haviam finalmente conseguido soar o marcador, uns quatro comportamentos depois do desejado.

Com pessoas, talvez eu não tenha sido tão precisa quanto um treinador, mas pelo menos comecei a pensar em meu ritmo de ação. O ideal é recompensar alguém no momento em que fizer algo que nos agrade. É por isso que o aplauso é tão emocionante: não é só uma resposta, é uma resposta imediata. Pela mesma razão, o ato de escrever não é tão emocionante. A recompensa surge meses depois, ou mesmo anos depois, se vier; mas decerto não vem no exato momento em que escrevemos. Quando o artigo ou o livro é publicado, quase sempre já estou sofrendo em cima de um novo projeto e o anterior já é uma lembrança distante. É como dar ao golfinho um atum enorme, mas apenas dois anos depois de ele ter dado uma cambalhota.

Naturalmente os seres humanos não pedem a mesma urgência dos animais. Estamos acostumados a receber o prêmio mais adiante. Contudo, principalmente ao se aprender algo novo, quanto mais cedo melhor. O que é complicado, pois nem sempre estamos presentes quando os animais humanos têm atitudes agradáveis. Acabamos por só conseguir premiá-los depois que tudo já aconteceu. Adotei como política recompensar na primeira oportunidade um comportamento desejado. Para tanto, obriguei-me a abandonar minha tendência natural ao adiamento. Respondo o mais cedo possível aos convites para jantar. Se alguém me enviar um e-mail elogiando meu trabalho, mando de volta uma mensagem de agradecimento, em vez de deixar o elogio mofando na caixa de entrada. Se chegar um presente pelo correio, abro-o e telefono para quem o enviou. E quando tenho a rara oportunidade de dar um reforço positivo a alguém no momento exato, não a deixo passar.

É por isso que estou tendo esse comportamento demonstrativo agora mesmo. Saio da cozinha em busca de Scott para lhe dar um grande beijo. Eu o encontro no hall, onde vejo uma pilha de correspondência fechada. Desvio o olhar e junto os lábios para beijá-lo.

QUANDO NÃO USAR

Numa manhã de fevereiro no SeaWorld, observei um macho de baleia beluga que parecia uma miniatura da Moby Dick tentar se alçar para cima de uma balança ao lado da piscina. Erguer para fora da água aquele imenso volume branco parecia uma tarefa impossível. As belugas não saltam com a facilidade dos golfinhos. A baleia saiu da água, bateu com o queixo na extremidade da balança e escorregou lentamente para dentro da piscina. Sua silhueta fantasmagórica mergulhou sob a superfície. Ela havia tentado, mas o apito do treinador continuou silencioso. Nenhum peixe foi lançado. Para um treinador, a tentativa não conta — só a realização.

Por que não? Porque o treinador queria a baleia em cima da balança. Era esse o critério, diria um treinador. Se o homem tivesse apitado e jogado um arenque na piscina, estaria reforçando a *tentativa* de subir na balança. Não faz diferença se a baleia se esforçou ou se fez uma tentativa preguiçosa, de má vontade. De uma forma ou de outra, foi apenas uma tentativa.

Quando o treinador ensinou aquele comportamento à baleia, ele deve ter começado deixando que ela tocasse com o queixo na balança, e fosse recompensada por isso. Mas esse macho já havia aprendido o comportamento, fato que logo se evidenciou. Depois de uma pequena pausa, o treinador tornou a sinalizar para a baleia. Mais uma vez, o macho se elevou no tanque com a água escorrendo dos flancos alvos, subiu na balança e moveu lepidamente a cauda, como quem diz "Que tal?". Lá ficou ele, parado, enquanto a contagem subia. Quando a escala marcou mil quilos, o treinador soprou o apito. De volta à piscina, a beluga abriu a boca para receber o cheque de pagamento — um peixe bem lançado.

Com que freqüência eu estava fixando a *tentativa* quando o que almejava fixar era o *ato*? Se Scott abrisse a geladeira e tentasse encontrar um vidro de molho de pimenta, eu corria para ajudá-lo. Se minha mãe me dissesse que estava tentando parar de fumar, eu lhe dava parabéns. Se um amigo ou parente dissesse que estava mudando de emprego, eu batia palmas. Mais uma vez o treinamento de animais me mostrou que minhas boas intenções talvez me prejudicassem, e que nem sempre aplaudir os amigos e parentes ajuda na busca por um bom resultado. Se você recompensar a tentativa, talvez não obtenha mais do que isso.

Descobri que para os seres humanos as tentativas em geral se traduzem em ficar falando, por vezes sem cessar, sobre fazer A ou B. As pessoas conseguem muito reforço positivo apenas com tentativas verbais. Bastava eu dizer a meus amigos que estava pensando em estudar espanhol e eles diziam: "Que idéia fantástica! Isso é que é esperteza!" E eu sequer havia aprendido a conjugar um verbo em espanhol, só dissera que o faria. *Olé!*

Scott fala em fazer passeios de bicicleta em grupo. Minha amiga Dana fala em perder o peso ganho na gravidez, quando já faz sete anos que seu filho mais novo nasceu. Desde a Idade da Pedra, minha mãe vem parando de fumar. Falamos sobre como ela deve largar aquele cigarrinho ocasional que ainda fuma. Sugiro um adesivo de nicotina. Ela prefere tomar vitaminas ou experimentar beber mais água. Mais uma vez sugiro o adesivo. Nós discutimos a questão.

Quando Scott mencionava qualquer atividade em grupo, eu me excedia em estímulos. Dizia a Dana que ela estava com um visual ótimo. Aplaudia minha mãe. Então percebi que nessas conversas eu só reforçava o *falar* sobre sair de bicicleta em grupo, perder gordura abdominal ou jogar fora o cigarro. Eu era um treinador que jogava um peixe para a beluga que só batia com o queixo na balança. Isso seria bom se eu de fato não quisesse que meu marido, minha amiga e minha mãe fizessem aquelas coisas. Diante disso, devia poupar meu encorajamento. Quero realmente que minha mãe pare de fumar. Gostaria que a criatura solitária que é meu marido tivesse alguma atividade social. Dana, porém, está lindona, com ou sem o peso da gravidez. Vou continuar a conversar com ela sobre celulite e o modelo de roupa de banho que lhe assentaria melhor. Ela acha que é um maiô inteiro. Eu digo que é um biquíni.

TAMANHO É DOCUMENTO

Na escola de treinamento, antes de trabalharem com os grandes felinos, os alunos cortavam pescoços de galinha em pequenos pedaços rosados. Antes de trazerem um mico-leão para uma sessão, eles cortavam bananas, uvas e maçãs em pedaços do tamanho de uma moeda. Antes de levar o búfalo asiático para passear, eles cortavam nacos de batata-doce e rodelas de cenoura.

A regra básica dos treinadores define o tamanho do reforço a se usar: a menor porção que dê resultado. Se o macaco pode ser treinado em troca de um pedaço de banana, não lhe dê a fruta inteira. Se o búfalo aceita trabalhar em troca de um cubo de batata-doce, não lhe entregue toda a raiz. A razão é de ordem prática. O macaco leva mais tempo para comer a banana inteira do que para comer um pedaço. O treinamento será interrompido enquanto você espera o animal saborear a guloseima. Além disso, bananas inteiras o deixarão satisfeito muito antes, fazendo-o perder o interesse no treinamento. Então você só conseguirá que ele realize três ou quatro comportamentos antes de se cansar. Com pedacinhos, o estômago dele levará mais tempo a se encher e ele será um aluno interessado por mais tempo.

Peguei emprestado dos treinadores o conceito de que menos é mais para definir quanto reforço positivo usar com seres humanos. Descobri que dessa forma teria certeza de nunca exagerar. Nada de cobrir Scott de beijos porque ele colocou uma meia no roupeiro. Se um mero "muito obrigada" bastava, eu me satisfazia com isso. Tal abordagem atribui proporcionalidade entre gratidão e tarefa. Se recebesse um abraço de urso por apanhar a correspondência, Scott sentiria o gesto mais como condescendência que como reforço. Nesse aspecto, os seres humanos diferem dos outros animais. Um animal nunca vai se ofender por receber uma recompensa extra, o que pode acontecer com um ser humano. Da mesma forma, essa medida também equilibrou meu lado do reforço: não fico tentada a exagerar e cair no sarcasmo, o que equivaleria a dar a um búfalo um pedaço grande, mas estragado, de batata-doce.

Às vezes, porém, o certo *é* dar uma batata inteira. Quanto maiores e mais difíceis as tarefas, maior deve ser o prêmio. Os treinadores precisam fazer a coisa valer a pena para o animal. Em *Don't Shoot the Dog!*, Pryor descreve como no Sea Life Park, no Havaí, as falsas orcas (que parecem orcas, mas são mais finas e quase totalmente pretas) não executavam o salto monumental de 7m, saindo diretamente da água, em troca da recompensa usual de duas trutas. Por esse desempenho, queriam um pagamento maior — uma cavala grande.

Mais uma vez a questão parece óbvia; no entanto, é freqüente os animais humanos não dosarem a recompensa de acordo com a tarefa realizada. Num jornal diário em que trabalhei, eu era convocada a substituir meu chefe toda vez que ele saía de férias. A troca tinha por objetivo ser uma espécie de elogio, mas, como resultado, minha carga de trabalho dobrava, alguns colegas me viravam a cara e eu era obrigada a comparecer a infinitas reuniões de pauta, muitas das quais tinham mais a ver com o convívio entre machos (meninos, façam isso em suas horas de folga) do que com as matérias a publicar na primeira página. Em troca, eu ganhava uns 20 dólares a mais por semana, o que para uma falsa orca equivale a meia truta — a metade de uma truta pequena e ressecada. Na primeira ocasião possível, eu me eximia da tarefa de substituir o chefe. Não daria um salto daquela altura em troca de um peixinho vagabundo.

Outra regra básica dos treinadores é a obrigação de dar ao animal algo melhor do que o que ele já tem. Se uma orca estiver se divertindo com uma bola ou uma colega de piscina, é preciso lhe oferecer em troca da atenção algo mais valioso que ficar à toa. Se a raposa do deserto adora cochilar na caixa que lhe serve de toca e se você quiser fazê-la sair dali para treinar, precisará de uma isca que ao pequeno canino orelhudo atraia mais que uma gostosa soneca.

Em ambos os casos citados, o que o animal está fazendo se chama comportamento auto-reforçado. Dito de forma simples; é o tipo de comportamento que é gratificante em si mesmo. Tanto para animais quanto para pessoas, ele assume diversas formas, desde cruzar o Atlântico num barco a vela até estourar bolinhas do plástico de embalagem (até minha cadela Penny Jane gosta disso. Ela segura com as patas a folha de plástico e estoura as bolinhas com os dentes). Se você gosta do mero ato de fazer algo, seja ir às compras em uma das lojas da Chanel, ou pigarrear, ele é auto-reforçado. Quanto mais o comportamento funcionar como reforço, mais difícil será deixar de fazê-lo ou retirar dele a atenção de alguém ou de alguma coisa. Será necessária uma recompensa mais gratificante que o comportamento. Isso vale para todo o reino animal.

No restaurante em que trabalhei, aquele das canecas de sopa/café, eu dirigia para uma fatia de torta de abóbora o jato do spray de creme chantilly, apertava o gatilho e o doce era afogado por um jorro fino de soro. Mais de uma vez o gás propelente do creme tinha desaparecido entre os cozinheiros, que inalavam todo o óxido nitroso da lata. Eles cheiravam as embalagens enquanto preparavam saladas ou viravam peitos de frango no grill. Pelo menos nessas ocasiões eles estavam presentes. Em dúzias de ocasiões apresentei pedidos a uma cozinha vazia. Todos os cozinheiros haviam desaparecido atrás do restaurante com uma ou duas latas de creme, para pegar um barato. Auto-reforço é isso aí.

Súplicas, ofensas e lamúrias evidentemente não resolviam o problema das garçonetes. Era tão divertido ficar chapado de aspirar gás que valia a pena suportar nossos gritos. Para conseguir que eles largassem as latas ou para mantê-los na cozinha, precisávamos de um peixe realmente grande — bebidas grátis do bar. Numa noite movimentada, contrabandeávamos pelo passa-pratos um fluxo constante de cervejas e coquetéis. Podem nos chamar de facilitadoras, mas conseguíamos o comportamento desejado — nossos pedidos preparados a tempo — e talvez até salvássemos algumas das células cerebrais dos cozinheiros, em detrimento das células hepáticas. Servir mesas em restaurante tem alguma coisa que desperta em você o instinto de treinador de animais.

O GRANDE PRÊMIO

Scott sobe as escadas para arrumar a mala. Ele acabou de ser informado de que em Boston, a uma distância de mais ou menos duas horas de carro, nossos inquilinos foram embora e deixaram o aquecedor ligado e uma janela aberta. É final de novembro. De acordo com a informação de um vizinho, nossa casa está aquecendo a quadra inteira. No primeiro dia de seu feriadão de Ação de Graças, Scott largou tudo e foi correndo para o sul defender nossa conta de gás. Passando a toda pela cozinha para pegar uma mala no porão, ele resmunga, mas de modo geral está levando na esportiva. É hora, eu me dou conta, de um grande prêmio.

Um grande prêmio é exatamente o que parece: uma porção grande, gorda e suculenta de reforço positivo. O ideal é que seja uma surpresa, exatamente como no momento em que o caça-níqueis despeja todas aquelas moedas deliciosas. O bônus, a mega-sena, esses também são grandes prêmios.

Quando o animal faz um grande progresso, o treinador lhe dá um grande prêmio, comparável a um estádio cheio de fãs aplaudindo e gritando "Olé!". Alguns treinadores usam-no também como forma de despertar um animal que não está respondendo. Certa vez, a troco de nada, Karen Pryor jogou dois peixes para um golfinho que estava emburrado, o que tirou o animal da apatia. O ideal é que o grande prêmio coincida com a ação que você quer encorajar, mas, como sempre, é mais fácil consegui-lo com animais que com humanos.

Com a emergência do aquecimento, para variar a ocasião veio no momento certo, já que meu objetivo não é dar um reforço a Scott pela ida a Boston, e sim por levar numa boa a obrigação de ir, coisa que estava fazendo naquele momento.

Esta é obviamente a hora de jogar na piscina um balde inteiro de peixes. Corro ao andar de cima e tiro do armário um presente de Natal que comprei para Scott, um aparelho de MP3 com som estéreo. De volta à cozinha, ponho sobre a bancada o brilhante objeto branco. Ouço os passos de Scott subindo as escadas do porão. A porta se abre, ele entra na cozinha e vê esse equipamento novo a cintilar. Fica estático, de queixo caído. O grande prêmio lhe agradou tanto que atrasou sua partida — ele passou uma hora brincando com o aparelho. O homem que não sabe mudar o toque do celular conseguiu em segundos ligar o brinquedo e fazê-lo funcionar. Em Boston, o ar quente estava escapando pela janela aberta, mas não apressei meu marido. Entendo que uma parte do grande prêmio é desfrutá-lo.

MISTURA E MANDA

Estou de pé, com água até os quadris, numa piscina de água fria e azul. Apesar do sol brilhante e do macacão de neoprene, toda vez que a marola me atinge, sinto um calafrio. À minha frente, o focinho cinzento de um golfinho aparece em meio às pequenas ondulações da água. É por causa dele que a água é salgada e a temperatura é de 13 graus. Seguindo as instruções do treinador a meu lado, aponto um dedo para a minha esquerda. Não tenho a menor idéia do que acabei de pedir à fêmea de golfinho, mas ela sabe. O animal desaparece sob a água. Procuro com os olhos na piscina a barbatana dorsal ou uma sombra a se mover com agilidade. Nada. Subitamente, o golfinho salta do meio da piscina como um gêiser.

Quando o golfinho se precipita para cima, o treinador soa o apito. A fêmea cai de volta na piscina e aparece exatamente à minha frente. O treinador me dá um punhado de gelo. Fico olhando para o gelo e para ele. "Dê a ela o gelo", ele instrui. Viro-me para jogar os pedaços de gelo na boca do golfinho e tenho um momento de hesitação quando percebo que seu sorriso é cercado de dentes pequenos, mas visivelmente afiados. Ela tem muito mais dentes do que eu imaginava. Arrisco os dedos e jogo o gelo entre suas mandíbulas. Enquanto gargareja com os pedaços de gelo, a fêmea emite um som como o de um daiquiri no liquidificador.

Gelo é uma das numerosas recompensas que os treinadores dão aos golfinhos. Também dão cubos de gelatina, massagens e brinquedos. Dão como prêmio às orcas esguichos de mangueira ou uma olhadinha no espelho. Jogam pedaços congelados de melancia para o urso polar. Na escola de treinamento, Mara Rodriguez usa o que ela chama de sua "voz alegre" para premiar os pumas. Também lhes acaricia a cabeça ou se aproxima, algo de que os felinos gostam.

Quanto maior o elenco de reforços, melhor, pois quando se tornam previsíveis até os prêmios perdem a atração. Variar é uma forma de garantir que o animal não se canse de nenhum tipo de recompensa. Também evita que o treinamento e a vida do animal se tornem rotineiros. Recompensas que não servem para comer, como uma carícia no queixo, além de aumentarem a variedade, têm a vantagem de prolongar uma sessão de treinamento quando o animal está de estômago cheio.

É então que se torna importante conhecer o animal, porque os reforços, como as punições, são subjetivos. O que é prêmio para um organismo não o é para outro. As aves de rapina, que limpam as próprias asas, não vêem como grande vantagem uma carícia do treinador. As araras, que limpam umas às outras, sim. No entanto, um papagaio que cresceu em liberdade pode não gostar tanto de ser alisado por um treinador quanto um papagaio criado em cativeiro. O valor de uma recompensa também pode mudar, dependendo da idade do animal. Quando jovem, o bicho pode preferir brincadeiras como prêmio; mais velho, talvez prefira guloseimas. Os reforços também podem ganhar ou perder interesse, dependendo das circunstâncias. Um animal feliz pode gostar de uma carícia; um animal inquieto, talvez não.

Achei uma boa idéia imprimir variedade aos reforços para seres humanos, pelo menos para evitar ter de dizer "obrigada" o tempo todo. Preparei uma lista para Scott: sorrisos, abraços, beijos, elogios, cafunés e presentes (principalmente equipamentos de som e de ciclismo). Executar uma das tarefas regulares dele, por exemplo, jogar o lixo fora, também se qualifica como reforço. Dana adora revistas, portanto, se ela consegue tempo para se encontrar comigo na praia, às vezes lhe trago uma ou duas revistas para folhear. De vez em quando lhe ofereço uma bijuteria pela leitura dos meus rascunhos. Se minha mãe telefona, eu a recompenso com histórias engraçadas minhas, do meu marido ou das cadelas. Meus próprios cães, principalmente Dixie, também são prêmios para alguns dos meus amigos. Nas raras ocasiões em que vou encontrar meu amigo Ray para um almoço no parque e não levo minha cadela, ele fica tão desapontado quanto um leão-marinho que bateu palmas e não ganhou uma lula. Ele pergunta, desolado: "Cadê a Dixie?"

Pensando bem, meus melhores empregadores usavam naturalmente uma variedade de benefícios, que são mais eficazes, porque o cheque de pagamento, por ser previsível, perde um pouco de seu poder. Começa a ser percebido como um almoço grátis, o que é legal, conforme atesta qualquer camelo, mas nem sempre é o motivador mais poderoso. Dois dos meus chefes faziam questão de me encomendar matérias que eles sabiam ser do meu agrado. Outro, um editor-executivo, sempre que achava particularmente boa uma matéria, deixava em nossos computadores notas com elogios rabiscados em sua letra miúda. Os repórteres passaram a chamar esses bilhetes de "notas do Lou", comentando: "Você recebeu uma nota do Lou, hein, seu safado!" Outro chefe, o Bob, de vez em quando nos despachava para casa mais cedo numa tarde de sexta-feira. "Se mandem", anunciava ele de repente. Agarrando alegremente nossas bolsas, íamos à luta. Nós adorávamos o Bob.

ESQUEMAS VARIÁVEIS

Quando os treinadores de animais ensinam um novo comportamento, são generosos com as guloseimas, jogando uma para cada acerto do animal. Porém, tão logo o animal aprende o novo movimento, eles costumam parar de dar guloseimas, passando a usar um esquema variável de reforço. Isso é, às vezes o animal ganha uma recompensa em troca do comportamento, outras não. A intenção não é economizar uma lula ou um pouco da ração de macacos. Essa é uma maneira poderosa de fixar os comportamentos.

Como Skinner provou, os treinadores demonstram e o reino animal inteiro deixa claro, um organismo repete as ações que trazem bons resultados. O reforço faz o mundo girar. Nos seres vivos, essa inclinação é tão forte que o bom resultado não precisa ocorrer sempre, nem quase sempre. Apenas com freqüência suficiente para manter o animal motivado. Às vezes os chimpanzés encontram frutas no chão da floresta; outras vezes não encontram, mas sempre vale a pena procurar. Às vezes os leões conseguem caçar um gnu; outras vezes não, mas vale a pena correr atrás. Às vezes escolho o cavalo vencedor da corrida; outras vezes — na verdade, a maioria das vezes — não, mas acho que vale a pena continuar arriscando 2 dólares.

Qualquer um que aposte, seja no bingo, seja no guichê de 50 dólares do hipódromo, sabe que um esquema de reforço variável é muito poderoso. Basta ganhar de vez em quando para você continuar a jogar. Analisando todas as ocasiões em que fui às corridas de cavalos, apenas um ou dois dias saí no lucro. Apesar disso, avalio o mapa das corridas, vou até as baias examinar os cavalos e os jóqueis, faço a aposta e então fico na tribuna prendendo a respiração. Qualquer corrida pode dar uma recompensa, talvez até uma recompensa muito grande, como na vez em que ganhei um total de 48 dólares numa aposta acumulada nas corridas de Santa Anita.

O reforço variável é uma faca de dois gumes, já que mantém o comportamento indesejável, tanto quanto o desejável. Sem saber, as pessoas adotam esquemas variáveis de reforço, ensinando os cães a implorar (cedendo de vez em quando àquela cara patética), as crianças a terem ataques (cedendo de vez em quando aos gritos) e o cônjuge a reclamar (cedendo de vez em quando à pressão). Por isso eu continuava a insistir com meu marido, pois muito de vez em quando aquilo funcionava e Scott desfazia a mala ou se barbeava.

Você também pode provocar a intensificação de um comportamento que não lhe agrada. Se em algumas ocasiões você dá ao cachorro um pouco de comida, depois de vê-lo passar a refeição quase toda pedindo, você acaba ensinando a ele que vale a pena insistir. Se de vez em quando você entrega os pontos quando a criança está no auge da pirraça, ensina a ela que os gritos prolongados e altos funcionam. Se ocasionalmente, depois de uma semana inteira de súplicas, você joga o lixo fora, ensina à insistente esposa que bastam sete dias de encheção de saco para que ela obtenha o que deseja.

Não foi de modo consciente que adotei um esquema de reforço variável em meus relacionamentos, mas percebi que não tinha obrigação de recompensar Scott nem ninguém mais a cada vez que fizessem o que eu queria. Na verdade, em muitos casos não devia fazer isso. Os agradecimentos e a aprovação poderiam se tornar menos significativos para eles, além de cansativos para mim. O segredo era ter certeza de recompensar com freqüência suficiente para manter as pessoas fazendo o que me agradava, para manter aqueles comportamentos.

Além disso, o poder de um esquema variável explica por que as pessoas fazem o que fazem. Finalmente compreendi por que minha mãe nunca pára de fumar. Ao fumar alguns cigarros de vez em quando, ela mantém o hábito aceso, ou até mais aceso do que se fumasse um pacote por dia. Entendi por que uma amiga continua presa a um péssimo relacionamento — o namorado joga sardinhas com a freqüência necessária para mantê-la esperando pela próxima.

Finalmente compreendi por que não consigo abandonar a jardinagem, apesar de todas as decepções e impropérios em meu quintal todo verão. Embora as equináceas pareçam tão anêmicas quanto modelos de passarela, o capim do Texas se recuse a dar suas flores vermelhas e pelo menos uma azaléia por verão agonize com a intensidade dramática de uma estrela do cinema mudo, algumas plantas progridem, em número apenas suficiente para me manter cavando, semeando e adubando, apesar de todo mês de agosto eu jurar que vou parar. Que se dane o reforço variável daquelas açucenas e hortênsias que explodem em flor de vez em quando! E daqueles narcisos que irrompem da terra em algumas primaveras, incitando-me a pegar minha pá mais uma vez. Aquele jardim com certeza me treinou.

7
PEQUENOS PASSOS

Um treinador jamais se limitaria a dar um pincel a um elefante e dizer: "Ao trabalho, Monet." Em Have Trunk Will Travel, um parque particular para elefantes, no sul da Califórnia, o treinador começa por ensinar o animal a enrolar a tromba em torno do pincel. Em seguida, ele o ensina a mergulhar o pincel numa vasilha com água. Depois, a mergulhar o pincel na água e na tinta. Posteriormente, a mergulhar o pincel na água, na tinta e então passar o pincel sobre a tela. E assim por diante, até que o elefante seja capaz de produzir uma série de pinturas abstratas expressionistas. Um treinador me disse que por alguma razão os elefantes sempre têm dificuldade para aprender a mergulhar o pincel de volta na água antes de usarem uma cor diferente. Acho que Jackson Pollock também tinha esse problema.

Os treinadores chamam essas fases de aproximações sucessivas, os pequenos passos que levam ao aprendizado de um comportamento totalmente novo. Basicamente, o adestrador vai construindo o comportamento de baixo para cima, começando pelo ensino de uma ação que sirva de fundamento e prosseguindo a partir daí. Por exemplo, depois que o adolescente muito alto que estudava na escola de treinamento conseguiu se curvar o bastante para não assustar Rosie, a fêmea de babuíno, com sua altura, ele a ensinou a se sentar sobre um skate e ficar calma. Em seguida, ele empurrou com a mão, delicadamente, o skate de um lado para o outro, com Rosie de pé sobre a prancha. Quando isso deixou de incomodá-la, ele treinou o animal para ficar de quatro sobre a prancha que ele balançava. Finalmente, ensinou Rose a pousar no chão um dos pés de solas negras e empurrar. E, assim, mais uma skatista chegou às calçadas dos Estados Unidos, só que esta apresentava um traseiro rosa-vivo encimado por uma cauda orgulhosamente levantada.

A idéia das aproximações não é nova para os humanos. É assim que ensinamos todo tipo de habilidade, da leitura ao jogo de tênis. No entanto, ao observar os treinadores de animais exóticos, percebi que nós, os humanos, com freqüência contamos com que amigos, parentes, empregados e colegas de trabalho façam tudo de uma vez quando se trata de mudar um comportamento. Sei que eu contava. Achava que, se dissesse a Scott o quanto me aborrecia ver os jeans, as camisetas e os agasalhos dele empilhados no pé da cama, ele mudaria da noite para o dia um hábito acumulado ao longo de uma vida. Se ele não levasse a pilha inteira, não ganhava um reforço positivo. Na verdade, eu lhe dava o oposto: críticas, suspiros profundos, ironias e repetições cada vez mais dramáticas dos motivos pelos quais aquilo tanto me irritava. Minhas expectativas, sem falar em minhas reações, eram não só absurdas como contraproducentes. A prova estava no comportamento resultante — rosnados para mim e nenhuma camiseta guardada.

Quando um animal não reproduz um comportamento e não dá o próximo passo, isso provavelmente significa que se trata de um passo grande demais. Da mesma forma, esperar que alguém mude da noite para o dia é com certeza uma aproximação grande demais. Os humanos, lamentavelmente, dão muito valor aos saltos gigantescos, às viradas, ao sucesso repentino, à reforma total, principalmente quando se trata de nós mesmos. Todo ano escrevemos uma lista de aproximações gigantescas, também conhecidas como resoluções de Ano-Novo, que todos sabemos como funcionam. Simplesmente não somos capazes de mudar de A para B num instante, por mais que acreditemos ser possível. A razão do fracasso é muito óbvia para um treinador de animais.

A abordagem tipo ou-vai-ou-racha é mais um exemplo do uso de aproximações muito grandes. Com freqüência, esse é nosso modo operacional, embora essa abordagem quase sempre nos faça rachar. Em muitos jornais é costume afogar os novos repórteres em matérias, para fazê-los ganhar velocidade mais depressa. Isso também rouba deles alguns anos de vida, como posso atestar. Nada faz a pressão arterial subir tanto quanto trabalhar a uma velocidade superior à da luz, ainda por cima tentando impressionar um novo chefe, quando você nem ao menos sabe onde fica a tecla de exclusão do seu computador. Você pode ganhar velocidade mais depressa do que em condições normais, mas a que preço? Para muitos empregadores, essa abordagem é a forma de fritar os novos empregados nos primeiros meses de emprego. Eles pegam um empregado cheio de energia e entusiasmo e, em pouco tempo, o transformam num subordinado exausto e ressentido.

Aproximações assustadoramente imensas, até mesmo impossíveis, surgem de todo lado, às vezes de onde você menos espera. Quando eu tinha cinco anos, minha mãe me levou para ter aulas de natação numa piscina tão grande que o lado fundo era patrulhado por um salva-vidas numa pequena canoa. Tudo o que lembro sobre a aula é que, para nos acostumarmos a ficar submersos, a professora nos mandava prender a respiração, e empurrando-nos para dentro da piscina, colocava o pé sobre nossa cabeça, impulsionando para o fundo nossos pequenos corpos. Ainda me lembro que lhe arranhei o pé com as unhas. Talvez esse sistema funcionasse, pois, apesar de quase ter me afogado, aprendi a nadar e não tenho medo da parte funda da piscina. No entanto, ela me ensinou a ter medo de professores de natação. Nunca mais freqüentei nenhuma aula do gênero.

Essa abordagem do tudo-ou-nada não só é irracional; também é uma maneira muito preguiçosa de ensinar. Não é ensinar, é declarar "Faça assim porque estou mandando". Tem algo que me lembra dominação. Não esperaríamos que um leão-marinho entendesse, caso o treinador, sem mais nem menos, o comandasse a bater continência: "Vamos lá, você é um mamífero marinho. Vire-se!" Os casais geralmente suavizam essa abordagem: "Faça assim porque estou pedindo" ou "porque você me ama". Os patrões dizem: faça porque é seu trabalho. Os pais dizem: faça porque estou mandando. Você pode pedir ou mandar, mas se exigir demais de uma só vez, provavelmente não conseguirá o que quer. Por mais que respeitem, gostem ou até mesmo amem você, os desleixados não podem no ato se converter em perfeccionistas; os postergadores não podem, da noite para o dia, controlar o tempo; pés-de-chumbo não se transformam em motoristas cautelosos.

Em casa, deixei de esperar mudanças instantâneas e radicais por parte do meu marido. Pelo contrário, comecei a elogiar os pequenos progressos. Se Scott dirigia mais devagar ou me deixava esperando no restaurante por menos tempo que o habitual, ganhava aplausos. Quando ele mudou a pilha de roupas do pé da cama para cima da caixa de seu trombone, considerei o gesto um avanço digno de elogios. Também elogiava quando ocasionalmente a pilha diminuía.

O uso de aproximações não só deixou minhas expectativas mais realistas, como ainda me ajudou a analisar um comportamento, a ver as pequenas partes que formavam o todo, a entender quais eram os obstáculos do caminho. Faço isso comigo mesma. Na verdade, sempre fiz isso para escrever: dedico-me a construir cada sentença ou trabalhar um parágrafo problemático, evitando pensar no artigo ou livro como um todo. Porém, não havia aplicado essa lógica à minha vida pessoal. Agora, se uma tarefa me parecer excessiva, especialmente quando a fico adiando, divido o problema em pequenas etapas. Meu fisioterapeuta, meu médico e todos os amigos me recomendaram fazer ioga. Toda vez que pensava na questão, "fazer ioga" parecia uma monumental mudança de vida. Nunca fiz aulas de ginástica e sequer tinha roupas adequadas. Telefonei para um professor de ioga para perguntar sobre a aula e ele me disse que "eu precisava estar no meu corpo". O fato de já estar no meu corpo era só o que eu tinha a meu favor. Não precisava de ajuda com isso, portanto não me inscrevi na aula dele. Contudo, os músculos do meu corpo não eram alongados completamente desde as aulas de ginástica da escola, em 1975. Se eu pretendia "fazer ioga", precisava alongar os músculos da coxa. E, assim, mais um dia se passava sem que eu me aproximasse ao menos um pouco da postura de lótus. Comecei pelo pequeno passo número 1, comprar roupas para ioga, o que agradava a parte de mim que busca suprimentos. Só cheguei aí, mas já dei um passo à frente.

Entendi que a campanha para convencer minha mãe a usar aparelho auditivo podia ganhar com algumas aproximações. Nos últimos anos, tenho tentado convencê-la a usar um aparelho, embora essa seja uma forma tão segura de deixá-la furiosa quanto chamá-la de "caipira". Ela diz: "É caro demais". "Eu ajudo a pagar", insisto. "Todo mundo sabe que quem usa detesta", replica. "Houve muito progresso nos últimos anos", explico. Nesse ponto ela em geral se limita a me encarar, principalmente se lhe dei mais um recorte de jornal. Uma vez, de puro desespero, tentei alguma coisa como: "Só caipira não usa aparelho auditivo." Foi como espetar um camelo na boca com uma aguilhada. Como era de se esperar, o camelo atacou. Ela reagiu furiosa.

Passei a modificar a proposta, procurando tons diferentes, mas acabava sempre me repetindo. Na última vez que comecei a falar com minha mãe, no meio de uma frase, entendi que talvez estivesse pedindo uma aproximação grande demais. Qual seria o primeiro passo para adquirir um aparelho auditivo? Fazer um teste de audição. Foi para onde me voltei. Ela ainda não fez o teste, mas pelo menos a idéia de fazê-lo não a enfurece tanto quanto a sugestão de usar aparelho. Já é um progresso. Talvez eu precise quebrar esse comportamento em passos ainda menores. Posso conseguir pelo menos que ela marque um teste audiométrico. Em seguida, posso convencê-la a entrar no carro para ir ao local do teste, e assim por diante.

VOLTAR PARA O JARDIM-DE-INFÂNCIA

Tal como acontece com o reforço positivo, existe uma ciência, até mesmo com regras, por trás do uso dos pequenos passos. Karen Pryor, a cientista, escritora e pioneira no treinamento de golfinhos, lista dez dessas regras em *Don't Shoot the Dog!*. Elas são ensinadas na escola de treinamento. Muitos treinadores profissionais podem confirmá-las, principalmente os que trabalham com mamíferos marinhos. Na verdade, eles provavelmente são capazes de citá-las de cor, na ordem certa.

Embora todas elas se apliquem aos seres humanos, só cinco entraram em minha lista resumida. Não usar uma aproximação grande demais, como acabo de descrever, é a número 1, tanto em minha lista quanto na de Pryor. Para mim, é evidente que esta veio para ficar. A regra número 2 é: quando um comportamento se deteriorar, volte para o jardim-de-infância.

Numa tarde de verão na escola, observei uma estudante, uma jovem pragmática com mechas cor-de-rosa nos cabelos, soar o apito três vezes. Era o sinal para Harrison, o gavião-asa-de-telha, levantar vôo da mão enluvada da estudante e ir até outra aluna escondida atrás de uma arquibancada. Harrison moveu as penas da cauda e desdobrou preguiçosamente uma asa, como se estivesse brincando com a idéia de voar; depois, pensando melhor, dobrou a asa junto ao corpo. A jovem apitou novamente. Harrison se manteve firme, olhando diretamente em frente com seus olhos acobreados.

Antes de entrar de férias, a aluna havia ensinado Harrison a dar uma volta sobre as arquibancadas e retornar até onde ela estava, no palco. Chegara bem perto de fazer o gavião dar uma volta completa sobre as arquibancadas, mas agora ele nem sequer saía de cima da grande luva de couro. A aluna suspirou. "Perdi o comportamento que treinei. E agora, o que faço?"

"Leve-o de volta ao jardim-de-infância", instruiu uma professora que estava perto.

Quando por qualquer razão um comportamento é perdido, o treinador recua alguns passos no processo de treinamento. Em certas ocasiões, o animal só precisa de uma reciclagem rápida, em outras de uma mais demorada. O segredo é recuar, em vez de continuar pressionando, o que poderia frustrar a você e ao animal. No caso de Harrison, a estudante que estava atrás das arquibancadas se aproximou um pouco mais do palco para que o gavião pudesse vê-la. A aluna das mechas cor-de-rosa soprou novamente o apito. Harrison abriu as asas e, com algumas batidas, foi pousar na luva da outra aluna.

Nós, animais humanos, voltamos para o jardim-de-infância quando estudamos para uma prova ou recapitulamos nosso conhecimento de francês ouvindo fitas no carro. Eu volto para o jardim-de-infância no início de cada temporada de esqui, começando por descer algumas vezes os declives mais suaves. Na verdade, nunca saí de fato do jardim-de-infância no que diz respeito a esquiar, jogar tênis ou fazer tricô. Desse modo, quando volto atrás, meu ego não sofre tanto.

A necessidade de voltar ao jardim-de-infância mostra que um comportamento nunca fica absolutamente fixado; ele muda naturalmente com o tempo e as circunstâncias. O fato de neste momento seu cachorro vir quando você o chama, não significa que ele fará isso sempre. Talvez seja preciso ensiná-lo novamente a correr quando ouvir o próprio nome. Só porque seu filho aprendeu boas maneiras à mesa não há garantia de que daqui para frente ele sempre será um bom conviva. Talvez você precise ensinar-lhe novamente como comer panquecas com o garfo e não com as mãos. Só porque você ensinou seu parceiro a telefonar quando se atrasar para o jantar não significa que ele sempre vá telefonar. Você pode precisar ensiná-lo de novo a dar uma ligada, ou a recuar mais um passo e levar consigo um celular. Só porque você aprendeu a velejar quando era criança não significa que sempre saberá como manejar um barco. Tal como me aconteceu, talvez precise ensinar a si mesma a abaixar a cabeça para não ser decapitada pela vela.

Além disso, voltar para o jardim-de-infância é um antídoto necessário ao impulso humano para mergulhar de cabeça. Meu pobre marido espera jogar tênis tão bem quanto na última vez em que pegou na raquete, mesmo que tenha sido há cinco anos. Ele tenta o saque e vai ficando cada vez mais frustrado. Se pelo menos voltasse ao jardim-de-infância, seria difícil para o ego, mas muito melhor para seu jogo e seu humor.

UM PEQUENO PASSO DE CADA VEZ

A regra número 3 é treinar, a cada vez, apenas um único aspecto do comportamento. Em outras palavras, se você estiver usando aproximações sucessivas, faça uma de cada vez. Não basta dividir o comportamento em passos pequenos.

Pryor nos dá o exemplo de como ensinar um golfinho a fazer a água espirrar. De acordo com a regra que criou, é só nisso que ela deve se focalizar — não na intensidade, nem na direção em que a água deve ser espirrada, somente no ato em si. Se o treino envolver mais do que isso, o animal ficará confuso, sem entender se o desejado é que espirre a água, ou que a espirre para a esquerda. Só depois que ele conseguir bater na água com a nadadeira quando ordenado, Pryor passará adiante para trabalhar a direção.

Vejamos o caso de Rosie aprendendo a andar de skate. O estudante ensinou a macaca a sentar-se sobre a prancha. Só depois que o babuíno foi capaz de completar de modo sistemático o movimento, o estudante passou ao passo seguinte, empurrar com a mão a prancha em que Rosie estava sentada. Se ele tivesse tentado ensinar as duas coisas ao mesmo tempo, ela teria ficado confusa, tal como o golfinho: "Você quer que eu me sente no skate, ou que só me sente nele quando você o mover?"

Com os humanos, eu pensava menos nos aspectos sucessivos e mais na instrução dada por Pryor no sentido de que eu me concentrasse em um aspecto comportamental por vez. Isso significa ter absoluta clareza sobre o que se quer reforçar — qual é o critério, como dizem os treinadores. Se eu quisesse que minha mãe marcasse um teste audiométrico, devia falar só sobre isso. Parei completamente de mencionar aparelhos auditivos. Se eu quisesse que Scott se aprontasse na hora certa para um jantar em nossa casa, não podia esperar que também preparasse as bebidas. Se ele o fizesse, beleza, mas aí eu já estaria no lucro. Se alguém me enviasse um presente, eu agradeceria, pois quero presentes, muitos presentes; logo, reforçaria essa tendência. Mesmo que o presente fosse uma droga, como a máquina de chicletes que meu pai me deu quando terminei a faculdade. Apesar da escolha ruim, ele me deu um presente, e isso é o critério. Contudo, posso tratar de enviar ao presenteador minha lista de Natal do ano que vem. Houve um ano em que convenci meu pai a me ceder seu cartão de crédito, para eu mesma comprar o presente que ele ia me dar, um casaco de inverno. A aproximação foi excessiva para ele. Nunca mais consegui colocar as mãos em seu cartão de crédito.

Também deixei de elevar o nível de exigência em meio ao comportamento, ou seja, parei de agradecer com ressalvas, como em: "Obrigada por você ter feito as compras, mas a marca de leite que trouxe não é exatamente a que eu queria." Ou "Obrigada por me visitar, mas gostaria que você pudesse ficar mais tempo." Elevar o nível de exigências no meio do caminho pode deixar os outros confusos em relação ao que você realmente quer deles, além de poder funcionar como um castigo. Nesse caso, você pode perder o comportamento (fazer compras, visitar) que acreditava estar reforçando, e a compra de mantimentos pode tornar-se tarefa sua, ou os convidados podem nunca mais voltar.

SÍNDROME DO TANQUE NOVO

Até o animal mais bem treinado pode ficar perturbado num ambiente novo. Quando os golfinhos são transferidos para um tanque diferente, em geral apresentam um quadro de amnésia temporária até se habituarem à casa nova. Essa é a regra número 4, que os treinadores chamam de síndrome do tanque novo.

Vi uma manifestação dessa síndrome no dia em que assisti ao ensaio do espetáculo anual da escola de treinamento. A arara se recusou a voar. O castor perdeu a deixa. O serval ficou estático, agitou uma das grandes orelhas e olhou para a frente. Embora tivessem aprendido seus números, os animais, ao se verem pela primeira vez no palco com todos os outros e a platéia, simplesmente esqueceram suas falas. O episódio não surpreendeu, ainda que provavelmente tenha deixado os estudantes frustrados. Os animais estavam, em essência, aprendendo um novo comportamento: como mostrar um comportamento antigo em um novo ambiente e em circunstâncias novas. Depois de mais alguns ensaios, eles recomeçaram a voar, sentar-se e caminhar quando mandados. O tempo e a familiaridade resolveram a questão.

Quando se deparam com a síndrome do tanque novo, os treinadores geralmente baixam o nível de exigência, ou, como dizem, relaxam o critério por um tempo. Reduzem a expectativa até o animal ter absorvido os novos estímulos. Se o tempo não resolver a questão, o animal talvez seja obrigado a voltar para o jardim-de-infância. Como sempre, o segredo é ter uma expectativa razoável. Dessa forma, nem o animal terá motivo para desanimar.

Freqüentemente, vemos a síndrome do tanque novo ocorrer com seres humanos. É por isso que os times esportivos têm uma vantagem, ainda que pequena, quando o jogo é na cidade deles. O outro time está num tanque novo, cercado de uma multidão, de luzes e de cheiros desconhecidos. Em conseqüência disso, podem ter um início de partida atribulado. Quando você dirige um carro em uma cidade ou país que desconhece, pode acabar freando com mais freqüência, acelerando demais ou esquecendo de usar o pisca-pisca, enquanto se familiariza com o local desconhecido. Eu sofro da síndrome do tanque novo cada vez que preciso usar um computador diferente. Minha produção cai até que eu me acostume com o teclado.

Tal qual um treinador, aprendi a não me preocupar com a síndrome e a deixar o tempo fazer sua parte. Se eu ficar me culpando, censurando meu estado de espírito, talvez prejudique meu texto daquele dia inteiro, e não só de uma hora. Da mesma forma, se o técnico ficar de fora do campo gritando com os jogadores, poderá deixar o time mais ansioso e acabar perdendo o jogo todo, e não só as primeiras jogadas. De acordo com minha experiência, é melhor ter tolerância com quem estiver ao volante em local estranho, principalmente se você for a mulher do motorista, sentada no banco do carona, e essas forem as primeiras horas das férias de vocês. Caso contrário, a viagem inteira pode se perder, e não só aquela excursão à praia.

TENTE ALGO DIFERENTE

Se o método de treinamento não está funcionando, tente outro. Eis a regra número 5 de minha lista, e a mais significativa para mim no contexto geral. "Os meios de conseguir comportamentos desejados são tão numerosos quanto os treinadores dispostos a criá-los", escreve Pryor. Esse fato tão simples e tão óbvio contraria, no entanto, a maneira como nós, os seres humanos, lidamos com tantos aspectos de nossa vida, principalmente as relações. Nossa tendência é nos entrincheirar, é ampliar o fosso. Muitas vezes agi assim. E quando finalmente me afundo no fosso até o pescoço, rendo-me em desespero. Quando uma técnica não funciona, um treinador não insiste — pelo menos um bom profissional não age assim. Ele não considera isso um fracasso pessoal, nem culpa o animal. Apenas pensa numa alternativa.

Hoje em dia, quando minhas tentativas de treinamento falham com os seres humanos, tento fazer aproximações menores. Disseco meu próprio comportamento e analiso de que modo minhas ações podem inadvertidamente ter precipitado as ações alheias. Pergunto o que exatamente estou reforçando. Se a situação envolve um amigo, parente ou aluno, posso consultar um colega "adestrador": meu marido, Hannah ou Elise. Avalio se o momento é oportuno. Analiso friamente o problema comportamental como se fosse uma equação matemática, procurando uma alternativa para resolvê-la. Então, tal qual faria um treinador, experimento de outra maneira.

Há momentos em que a abordagem diferente me escapa. Então, pensando como um treinador de golfinhos, apanho figurativamente um balde de peixes e me sento ao lado da piscina. Ali, espero que o animal humano faça alguma coisa, qualquer coisa, que eu possa encorajar.

ATRAÇÃO

Ao amanhecer, as girafas não querem deixar o local de pernoite. Ao anoitecer, os gorilas não querem se recolher. A qualquer hora do dia, o rinoceronte fica parado no portal entre seus dois cercados. Fazer um animal sair do quarto de dormir para sua exibição diária, o que é chamado de troca, em geral é uma grande dor de cabeça nos zoológicos. Muitos animais ficam empacados, às vezes durante horas, congelados pelo dilema "Devo ficar ou devo sair?". Para fazer os animais se decidirem, alguns tratadores fornecem bananas ou cenouras — tecnicamente, um reforço positivo, mas nesse caso chamadas de atração ou isca.

Atrair é colocar a cenoura diante do cavalo. Em essência, consiste em mostrar a mão, como um reforço positivo, declarando: "Você vai ganhar isso se fizer aquilo." Envolve também prometer uma recompensa, em vez de reforçar um comportamento. A diferença é sutil, eu sei, mas existe.

Há muitas maneiras de moldar o comportamento, sendo a atração uma das técnicas mais empregadas e que os treinadores vêm utilizando há séculos. Uma forma usual de ensinar um cachorro a sentar é segurar uma guloseima diretamente acima de sua cabeça, o que o leva a colocar o traseiro no chão. Diz a lenda que Gunther Gebel-Williams, famoso adestrador do circo Ringling Bros., colocava um pedaço de carne na ponta de uma vara para atrair a atenção dos grandes felinos.

Alguns treinadores não aprovam a atração, por diversas razões. Em primeiro lugar, ela dá ao animal a oportunidade de decidir antecipadamente se o prêmio é suficiente ou não. O animal pode preferir esperar por uma banana maior, talvez um cacho inteiro, quem sabe até vários cachos. Além disso, tal como acontece com uma recompensa fora de hora — e a atração é prematura —, o treinador pode ensinar um comportamento indesejado. Diante de tantas frutas e legumes, e também da agitação criada pelos tratadores, o camelo empacado pode pensar que o truque é empacar. Em sua mente de mamífero com cascos, empacar na porta da jaula equivale a jantar e teatro. E assim, todo dia o camelo empaca.

Admito que uso atração com seres humanos. Já servi o jantar para fazer convidados falastrões se deslocarem da sala de estar. Convenci Scott a ir comigo a uma loja de móveis IKEA na semana de inauguração prometendo-lhe almôndegas suecas e torta de maçã no restaurante da loja (no fim das contas, nada disso compensou o empurra-empurra de compradores que encontramos na sessão de almofadas). Já atraí visitantes à minha casa com promessas de irmos caminhar pela praia, colher morangos e passear de barca. Se os deuses do clima no Maine se mostrarem propícios, cumpro minhas promessas. Caso contrário — o que acontece com freqüência —, meus convidados talvez partam cedo, para nunca mais voltar.

A atração de seres humanos apresenta alguns problemas idênticos aos ocorridos com os animais. O atraído talvez esteja contando com uma recompensa maior ou melhor, ou decida que o prêmio não vale o esforço. Com as crianças, isso acontece o tempo todo. Um dos pais promete ao filho uma bicicleta em troca de notas máximas na escola. No meio do período, a criança descobre que a empreitada exige muito mais do que ela imaginava e que a bicicleta não vale tudo isso. Portanto, joga a toalha. Minha mãe pregou na porta da geladeira uma lista de tarefas domésticas e o quanto pagaria por elas. Minha irmã e eu partíamos para o trabalho sempre que queríamos roupas novas para a Barbie ou um saquinho de chicletes. Porém, os valores pagos por minha mãe (1 dólar para lavar o carro, 50 centavos para lavar o banheiro) nunca inspiraram meu irmão. Para ele, a promessa de uns trocados não valia tanto quanto cavar buracos e construir fortes no mato atrás da casa. Pouca coisa traz tanto reforço a um garoto quanto cavar a terra macia ou nutrir os sonhos que essa atividade inspira: cavar piscinas do tamanho de lagos nos quintais suburbanos, abrir um túnel para terras distantes ou desenterrar tesouros escondidos há muitos séculos por outros garotos de igual inclinação. Se minha mãe quisesse ver meu irmão realizar alguma tarefa, precisaria lhe dar pás como pagamento.

8
A SITUAÇÃO DE MÍNIMO REFORÇO

Em mais um dia maravilhoso no sul da Califórnia, acompanhei os alunos da escola de treinamento numa visita ao SeaWorld de San Diego, onde conheci um filhote de elefante-marinho que pesava duzentos quilos, observei treinadores brincarem com orcas e mergulhei o braço até o cotovelo numa piscina rasa para acariciar as costas macias e elásticas de arraias da Califórnia. O dia foi encerrado com um excitante show aquático no Dolphin Stadium, estrelado pelos diversos mamíferos marinhos do parque, inclusive Bubbles, uma das mais velhas baleias-piloto em cativeiro. No auge do espetáculo, meia dúzia de animais nadou para a borda da piscina. Em uníssono, os mamíferos deram as costas à platéia e bateram com as caudas cinzentas na água azul. O turbilhão gerado pelo bater de caudas agitou a piscina, fazendo espirrarem sobre a platéia ondas sucessivas de fria água salgada que caía em grandes massas, encharcando os espectadores que haviam permanecido em seus assentos, embora fosse óbvio que os golfinhos estavam prestes a fazer aquilo. Um grupo de crianças, com os braços levantados e aos gritos, correu em direção à piscina, indo ao encontro do vagalhão. Os adultos, camisas pólo molhadas e coladas ao corpo, água pingando das bermudas cáqui, escalaram as arquibancadas de concreto tão depressa quanto permitiam suas pernas de meia-idade. Do alto do estádio, onde prudentemente nos havíamos sentado por sugestão da treinadora a meu lado, eu observava o pandemônio. Perguntei a ela se os animais entendiam o que estavam fazendo. "Pode ter certeza", respondeu.

Depois do espetáculo, quando a encharcada multidão já havia saído, uma louríssima treinadora de golfinhos com o macacão de neoprene ainda pingando se juntou aos estudantes. Para os alunos em nosso grupo que pretendem treinar golfinhos, ela descreveu o difícil teste de natação do parque, deu dicas sobre como conseguir um cobiçado emprego trabalhando com os cetáceos e explicou como usar uma Situação de Mínimo Reforço (SMR), o que me atraiu a atenção. Conforme ela expôs, se o golfinho comete um erro, como esguichar água quando foi solicitado a acenar com a nadadeira peitoral, a treinadora nem pisca. Fica imóvel por alguns segundos, sem expressão, nem sequer um franzir de sobrancelhas ou um suspiro, e depois retoma o treinamento. A idéia é de que qualquer reação positiva ou negativa pode alimentar um comportamento. Se não houver reação, o comportamento geralmente desaparece ou, como dizem os treinadores, torna-se extinto. Na margem de minhas anotações escrevi: *experimentar com Scott!*

De volta ao lar, foi apenas uma questão de tempo até Scott voltar a vasculhar a casa em busca das chaves ou da carteira perdida, ocasião em que pude testar uma SMR. Não apresentei a menor reação quando o ouvi precipitar-se de um cômodo a outro. Foi preciso muita disciplina, principalmente quando Dixie entrou na cozinha e se refugiou entre minhas pernas. Contudo, os resultados foram imediatos e espantosos. A irritação de Scott, muito menos intensa que a habitual, dissipou-se como uma rápida tempestade.

AS VANTAGENS DE NÃO FAZER NADA

A técnica de SMR foi criada no SeaWorld, nos anos 1980. Desde então, os quatro parques da rede utilizaram esse método com centenas de espécies e com inúmeros animais de todas as idades, de ursos polares com idade avançada a bebês de orca. Em essência, uma SMR consiste em ignorar o comportamento que não se deseja, mas fazê-lo de modo muito específico. É utilizado nas sessões de treinamento e por um intervalo muito reduzido. Os treinadores do SeaWorld criaram a técnica para comunicar ao animal que um comportamento está incorreto, sem encorajar por acidente uma reação errada. Se o treinador pede palmas, mas obtém um salto, responde com uma SMR, que é um passo além da ausência de reforço ao comportamento. É uma declaração tão isenta quanto possível de que o animal errou.

O método lhe diz não somente que ele cometeu um erro, mas também que nada de mau acontece quando ele erra. Na verdade, não acontece absolutamente nada. Dessa forma, uma SMR mostra que ele não perde nada por tentar. A técnica também é adotada para ensinar ao animal como se comportar depois de um erro. Se, em vez de nadar para longe, ressentido, o golfinho permanecer calmo durante a SMR, o treinador pode reforçar tal comportamento com uma lula.

Essa idéia lembra o ato de ser posto de castigo, mas não é exatamente igual. Uma SMR não interrompe a sessão de treinamento. O castigo interrompe o trabalho, o que pode ser um problema, pois um animal esperto poderá provocar um castigo para fugir da aula: se ele apresentar o comportamento errado, o treinador vai embora e o animal pode se divertir. Gerações de alunos do ensino médio agiram dessa forma para escapar das aulas de história, química, inglês, o que quer que seja. Comporte-se mal e lá vai você, expulso de sala. Deixar de castigo também é uma prática atraente para o ser humano, que pode abusar dela. É uma solução fácil de usar com um bicho malcomportado — basta ir embora, escapatória tentadora para o treinador frustrado. Deixar de castigo também pode ser indevidamente usado para punir. Reação muito mais explícita que uma SMR, ela pode encorajar um comportamento. A SMR, atitude neutra, é o mais próximo do ideal.

No entanto, esse recurso não é perfeito. O uso da técnica não carrega os mesmos resultados imediatos trazidos pela correção ou punição do animal. A SMR não ensina ao animal a reação correta. O treinador ainda precisa analisar por que o animal não está saltando, batendo palmas ou dando um aperto de mão. Com sua neutralidade, a SMR não funciona em alguns casos, principalmente nos comportamentos auto-reforçados. Se um golfinho está se divertindo muito ao empurrar uma bola pela piscina ou ao jogar água no treinador, uma SMR não surtirá grande efeito. E se o leão lhe der uma patada, ficar parado por alguns segundos não ajuda em nada. Nesse caso, é melhor se mover; por exemplo, recuar para a porta da jaula.

EXPERIMENTE EM CASA

Comecei a usar a SMR com todo tipo de gente. A veterana atendente do correio próximo à minha casa, uma mulher pálida de óculos redondos de lentes grossas que fazem seus olhos parecerem grandes e úmidos como os de uma garoupa foi grosseira comigo porque não coloquei corretamente a etiqueta de endereço em um pacote. Não pedi desculpas, não respondi de volta, nem tentei melhorar o humor dela com um sorriso. Simplesmente não reagi, calmamente colei a etiqueta. Isso pareceu deixar a atendente desconcertada. Ela pegou meu dinheiro e, ao me dar o troco, apesar de não olhar para mim, disse: "Um bom-dia para você." Só então a olhei nos olhos e sorri. "Para você também", respondi.

Alguns amigos sugerem o tempo todo que eu faça acupuntura. Se eu mencionar o menor problema de saúde, de espinhas nas costas até asma, eles descrevem detalhadamente como resolver meu problema me convertendo em uma almofada de alfinetes humana. A questão é que, lembro a eles, tenho uma terrível fobia de agulhas. Não tomo injeção se isso não for absolutamente necessário. Fico tonta quando me tiram sangue. Nas raras ocasiões em que fui submetida a uma cirurgia, fiquei muito mais preocupada com a injeção do que com o bisturi do cirurgião. Meus protestos só conseguem fazer as forças pró-acupuntura redobrarem seus esforços. Finalmente, experimentava uma SMR sempre que surgia o tema das agulhas longas e finas. Os lobistas não reduziram seus esforços, que, entretanto, perderam o ardor e a amplitude característicos. E a pausa significativa de minha SMR geralmente abre espaço para uma mudança de assunto.

Quando passei a adotar essa técnica, percebi que outros a utilizam amplamente, embora sem perceber. Dirigindo pelas ruas de Boston certa tarde, logo depois do horário de pico, parei em mais uma interminável fila de carros que convergiam na saída de uma auto-estrada. Vi pelo retrovisor que um carro azul com um motorista solitário furou a fila e depois tentou entrar de volta. Nenhum dos motoristas cedeu um milímetro sequer, todos mantiveram os carros colados, para o intruso não poder voltar. Os motoristas olhavam diretamente para frente, cuidando de não tomar conhecimento do espertinho. Todo mundo estava dando a ele uma espécie de SMR. Quando emparelhamos, o homem, desesperado por alguma reação, gritou: "Você *pode* me dar *licença*?". Ele estava fazendo duas coisas que me desagradavam: tentando furar a fila e gritando comigo. Associei-me ao exercício de treinamento grupal e o ignorei completamente, embora meus dois cachorros no banco traseiro tenham virado a cabeça para ver por que ele estava "latindo".

A SMR foi a técnica mais eficaz que aprendi com os treinadores de animais. E eu não estava usando o recurso da forma correta. Minhas SMRs eram muito longas, algumas eram como deixar alguém de castigo. Quando não conseguia ignorar alguém ou pelo menos permanecer neutra, eu entregava os pontos, como fiz com uma de minhas alunas. No meio de uma conversa, no momento em que a aluna começou a chorar por causa de uma tarefa e me acusou de lhe arruinar a vida, percebi que até mesmo minha reação razoável seria atenção demais. Com toda a calma de que fui capaz, anunciei: "O prazo é a próxima semana. Preciso ir embora." Peguei minha pilha de papéis, agarrei a bolsa e fugi. Talvez não tenha sido a SMR ou a saída mais elegante e profissional. Além disso, para minha tristeza, na pressa deixei para trás a metade do meu café gelado, mas se eu tivesse permanecido ali teria apenas dado um reforço ao ataque histérico dela, o que já acontecera antes.

Esse método me ajudou a ignorar o comportamento que eu não aprovava, o que não é fácil. O impulso humano para reagir é muito forte. Não reagir contraria a lógica. Afinal, somos animais sociáveis. Os treinadores lutam contra esse impulso humano quando trabalham com animais. Resistir ao reflexo de responder a pessoas é ainda mais difícil. Os primeiros segundos de uma SMR eram, para mim, uma espécie de aproximação. Quase sempre, eu conseguia fazer pelo menos isso. E durante aqueles poucos momentos descobria que era capaz de me controlar, pensar no próximo movimento ou reunir autocontrole suficiente para continuar a ignorar alguém ou permanecer calma. A SMR me mostrou que qualquer tipo de reação pode precipitar um comportamento, porque nunca podemos prever o que servirá de reforço ao outro. Também resolveu um problema comportamental que tive durante quase toda a vida.

Quando eu era pequena, meu irmão Andy, quatro anos mais novo que eu, igualmente alto e louro, embora com olhos azuis e um pouco de barriga, tinha um temperamento feroz. Quase sempre eu servia de alvo de suas explosões, principalmente no calor dos jogos de basquete ou esconde-esconde com os vizinhos, ou nas ocasiões em que eu tomava conta dele. Com o rosto tão vermelho e inchado quanto um calo recente, ele erguia os punhos fechados, abaixava a cabeça e me atacava. Qualquer animal de rebanho sairia correndo, mas não eu. Pelo contrário, meu instinto era sempre pelo menos defender meu campo, combatendo se necessário. Eu persistia, apesar de uma vez ele ter me nocauteado com um sarrafo e ter me acertado a omoplata com um taco de croqué com tanta força que levantou um vergão branco, além de ter jogado um punhado de talheres em minha cabeça (tudo bem, dessa vez minha zebra interna reagiu e saí correndo). Por ser a mais velha dos quatro, era eu quem pagava por nossos desentendimentos. "Não quero saber quem começou", era o refrão de minha mãe. "Você tem idade suficiente para se comportar." Talvez, mas será que tinha a devida maturidade? Evidentemente não.

Meu irmão aprendeu que ter um mau gênio era algo divertido. Você pode massacrar a irmã mais velha e então ficar olhando enquanto ela se dá mal. Com certeza eu lhe tornava a coisa mais divertida porque reagia. Não faço idéia do que funcionava como reforço para mim naquelas brigas, a não ser a ânsia de provar minha força, o que significava muito para uma menina durona, principalmente por comprometer essa credencial com a obsessão pela boneca Barbie. E ainda me sentia bastante inferiorizada e incompreendida por minha mãe, o que era bom material para me compadecer de mim mesma. Autocomiseração é um comportamento de auto-reforço.

Mais tarde soubemos que meu irmão, que por causa da estatura era sempre posto no fundo da sala de aula, precisava muito de óculos. Além disso, suas adenóides tinham inchado tanto que ele não ouvia direito. Não admira que o estilo Helen Keller assentasse tão bem. Andy começou a usar óculos e foi operado de amígdalas e adenóides. Apesar disso, continuamos a brigar. Nosso último confronto, aquele episódio dos talheres voadores, aconteceu quando eu estava no final do ensino médio e ele, na sétima série. Provavelmente nós dois éramos o que os treinadores chamam de "padronizados", o que significa fazer algo com tanta freqüência que aquilo se torna um reflexo.

Agora, em retrospecto, vejo que todas aquelas brigas precoces me padronizaram — para enfrentar a raiva ou opressão de qualquer um — durante anos. Isso mostrou-se muito útil em algumas circunstâncias, principalmente quando um homem tentou me atacar num banheiro público (eu reagi e consegui escapar). Em outras, nem tanto. Quando um cliente bêbado gritou obscenidades para o barman, fui eu, que tinha ido buscar uma bandeja de bebidas, quem pediu a ele para se acalmar. Então ele gritou para mim obscenidades realmente desagradáveis, do tipo que os homens reservam para as mulheres e faz as pessoas engolirem a seco. Não eu. Ri, só para mostrar que ele não me assustava. O homem saiu ensandecido e foi se queixar de mim ao gerente. Este me deu um sermão por ter sido desrespeitosa. Por pior que tenha sido, não me deixei intimidar.

Um copidesque de um jornal regularmente começava comigo discussões estranhas, redundantes, em geral sobre algum aspecto de uma matéria minha que ele estivesse revisando. Jamais gritava, mas verbalmente ficava mordendo e soprando até me encurralar. Eu sabia que ele adorava uma boa batalha verbal, mas não conseguia evitar entrar no jogo. Com freqüência perdia de vista o motivo da discussão, mas continuava ali só para deixar claro que ele não podia me intimidar, verbal ou intelectualmente. Desperdicei horas discutindo com aquele homem.

Em casa, sempre que meu marido tinha uma explosão de mau humor, eu me envolvia, mesmo que seu problema não dissesse respeito a mim. Raramente dizia. Sua irritação em geral é detonada por objetos inanimados, como uma grelha que não se abre, um computador que não quer cooperar e, naturalmente, qualquer coisa que se perca (por outro lado, quando sem querer joguei uma garrafa de água congelada pela janela traseira de nosso Volkswagen, ele foi um amor). Com Scott, nem sempre eu inchava o peito e me preparava para brigar no ato, como costumava fazer com tantos outros. Tentava acalmá-lo ou argumentar. Caso contrário, tentava lhe domar o gênio gritando com ele; algumas vezes berramos tanto que Dixie começou a tremer. A questão é que sempre reagi de alguma forma, e minha reação alimentava, ou reforçava, a explosão dele, tal como aconteceu em outros casos.

O treinamento de animais deu um fim a isso tudo. Finalmente compreendi minha contribuição para as brigas com meu irmão, com meu colega de trabalho e com meu marido. Eu poderia ter persistido nesse comportamento por toda a vida. Meu casamento certamente sofreria. E até ter desafiado o estranho furioso errado, que poderia me dar um soco no nariz, ou fazer algo pior.

Dar a alguém uma SMR, ignorar um comportamento que não me agrada, requer muito autocontrole. Não posso fazer isso se estiver irritada. Não é a mesma coisa que ficar em silêncio ou tratar com indiferença. Em vez disso, uma SMR é uma ausência de expressão da cabeça aos pés. Exige que por vezes eu me abstenha de ajudar ou de ser solidária — talvez, pelo critério de alguns, até de ser educada. Acima de tudo, a SMR significa que tenho de controlar a língua, o que não é natural em mim, um animal fundamentalmente muito comunicativo. Mas, quando consigo criar uma SMR, a raiva diminui, as queixas se diluem e o espírito controlador se atenua. O resultado positivo torna todo esse autocontrole extremamente reforçador para o ego.

A PERDA DE COMPORTAMENTOS

Os animais podem perder um comportamento se passarem muito tempo sem executá-lo ou sem receber recompensas por ele. Quando um salto ou um aceno resultam em nada, o animal pensa: "Para que me incomodar?". O comportamento fica enferrujado e aparentemente se perde. Na escola de treinamento, Rosie, o babuíno, esqueceu como dar um salto para trás no trapézio. Nick, o pônei, perdeu a capacidade de correr em círculos preso a uma rédea longa.

Os treinadores profissionais chamam de extinção (da reação, não do animal) a perda de comportamentos. Esse nome talvez seja um pouco inadequado. Karen Pryor acha que os animais nunca esquecem completamente o que aprenderam. Se não tiverem nada a ganhar em troca, armazenam o comportamento no fundo do cérebro, ao lado de "Encontrei uma semente gostosa embaixo de uma pedra, ao lado do carvalho, há cinco anos". Portanto, depois de ensinar uma orca a saltar sobre as águas, um urso a caminhar nas patas traseiras ou um papagaio a andar de patins, quando solicitados, você precisa praticar de vez em quando e recompensá-los.

Isso se chama manter os comportamentos. Com animais como Schmoo, a fêmea de leão-marinho da escola de treinamento, que conhece uns duzentos comandos, manter comportamentos é um trabalho de tempo integral. Os alunos de treinamento que trabalharam com a velha senhora passaram tanto tempo, ou até mais, praticando com ela comportamentos já aprendidos quanto ensinando novos comportamentos.

A questão é que, para todos os efeitos, os comportamentos *desaparecerão* — exceto os auto-reforçados — se não tiverem reforço suficiente. Logo, se você não quiser um comportamento, tudo bem; mas, se quiser, mau sinal. Portanto, independentemente do que queira manter, assegure-se de dar recompensas, não importando o tamanho do cérebro do animal.

Nós mantemos os bons comportamentos uns dos outros graças a muitos de nossos costumes e maneiras. Ao receber um cumprimento, não esqueça de agradecer. Se receber um convite para jantar, responda prontamente e telefone no dia seguinte ao evento para agradecer. Se alguém tiver um gesto amigável, sorrir para você ou estender a mão para apertar a sua, sorria ou ofereça a mão. De certa forma, os autores de livros de etiqueta, como Miss Manners e Emily Post, são, a seu modo, treinadores de animais.

Em geral, se você estiver contando com algum comportamento de um amigo, empregado ou parente, aquele comportamento pode desaparecer de um dia para outro, sem maiores explicações. Quando alguém pára de remover o lixo, preparar a mesa, fazer a cama como costumava fazer, é muito provável que esses comportamentos não estejam sendo reforçados. As obrigações domésticas raramente são recompensadas; daí o nome — obrigações. E daí as brigas freqüentes sobre por que alguém está deixando de fazê-las.

Ultimamente, se um amigo ou parente pára de me telefonar, penso: tenho reforçado os telefonemas dele ou não? Retornei a chamada? Fiquei feliz de falar com ele ou respondi distraidamente enquanto via televisão (coisa que meu pai costumava fazer comigo e razão pela qual deixei de telefonar para ele)? Como qualquer outro ser humano, perco muitas oportunidades de manter comportamentos por causa de preocupações ou simples preguiça.

Eis alguns comportamentos que perdi ao longo do tempo: ler um romance, participar de concursos culinários e estar apaixonada por um namorado. Não tendo obtido nada desses comportamentos, armazenei-os nas profundezas do cérebro, ao lado do: "Encontrei um par de sapatos tamanho 38 numa caixa do tamanho 37 numa liquidação maravilhosa, há vinte anos."

Para mim, ler romances costumava ser um comportamento auto-reforçado. Era minha maneira favorita de relaxar, principalmente nos primeiros tempos de escritora autônoma, enquanto ainda trabalhava como garçonete para pagar as contas. Depois de um turno de seis horas ininterruptas às voltas com bebidas, pedidos e clientes, eu acalmava o corpo e o cérebro mergulhando numa poltrona com um romance de Dickens ou Hardy no colo. No entanto, quanto mais dias passava sentada lutando com a escolha de palavras e a estrutura das frases, menos relaxante me parecia sentar-me à noite com um romance volumoso. Depois comecei a perder a culpa por não estar lendo, o que tornou a leitura ainda menos reforçadora. No final, perdi o hábito de ler romances, mas felizmente adquiri outro comportamento relaxante — passear com os cachorros (na ótica dos meus bichinhos, patrulhar nosso território).

Inspirada por meu primeiro livro sobre culinária competitiva, participei de uma meia dúzia de concursos e não ganhei nenhum. Nem mesmo meu fantástico linguado ao ao molho de *grapefruit* com cuscuz emplacou. Como me revelou um experiente campeão desses concursos, é preciso ter "algumas vitórias" para fixar o hábito. Pelo que vi no circuito de competições, uma vitória pode fazer alguém continuar a competir durante anos. Não tendo recebido nem uma pelota sequer a título de reforço, enfureci-me e pendurei o avental. Meu comportamento de culinária competitiva ficou extinto. Ninguém nem reparou.

Quando eu tinha vinte e poucos anos, apaixonei-me perdidamente por um jovem de olhos fundos e voz de barítono que facilmente mudava de tom. Em pouco tempo, ele e seus milhares de discos vieram morar comigo. Planejamos uma longa viagem à Europa e contemplamos a idéia de um futuro juntos. Então, quando nosso romance tinha mais ou menos seis meses, o amor da minha vida começou a me ignorar. Ele parou de segurar minha mão. Quando me esperava na estação ferroviária, não se levantava para me abraçar. Caminhava à minha frente na calçada.

Ele ainda era divertido, bonito e inteligente, mas, com tão pouco reforço, meus sentimentos perderam a intensidade. Deixou de manter meu comportamento de adoração por ele, o qual acabou se perdendo. Coloquei o comportamento na prateleira do fundo do meu cérebro e terminei nosso caso. Para minha surpresa, ele chorou, dizendo que achou que nos casaríamos. Apesar do que Pryor afirma, este animal aqui não conseguiu de jeito nenhum se lembrar de como era amar aquele homem. Aquele comportamento realmente ficou tão extinto quanto o pássaro dodô.

Sorte do Scott. O comportamento perdido de um pode ser o ganho de outro.

Os profissionais falam de animais que compreendem tão bem o treinamento que acabam por usá-lo com o treinador. Conta-se que um chimpanzé treinado no National Zoo deu um pedaço de aipo à tratadora quando esta abriu uma porta para o quintal dele. Ouvi outra história sobre um golfinho que nadou para o outro lado da piscina quando a treinadora lhe deu o tipo errado de peixe como recompensa por um comportamento. O golfinho ficou lá parado por alguns momentos e depois voltou até a treinadora. Esta percebeu que o golfinho estava dando uma SMR a *ela*, entendeu o erro e foi buscar um balde do tipo certo de peixe.

Um de meus animais fez o mesmo comigo.

Quando eu trabalhava no meu livro anterior, toda vez que voltava da escola da Califórnia, falava sem parar sobre o treinamento, além de comentar como estava aplicando aquelas idéias com seres humanos. O indivíduo com quem mais comentava o assunto era Scott, a cobaia de tantas experiências. Ele não se ofendia; só achava engraçado. À medida que eu explicava as técnicas e a terminologia, ele absorvia tudo. Muito mais do que eu me dava conta.

Quando estava terminando o livro anterior, acordei certa manhã sentindo que minha boca, como uma porta emperrada, mal se abria. Eu não sentia dor, mas estava claro que havia algo errado. Com medo de comer, mas morrendo de fome, cortei uma banana ao comprido e empurrei uma fatia por entre os dentes ligeiramente separados. Durante os meses seguintes, essa passou a ser minha única maneira de comer uma banana. Tive de abrir mão dos sanduíches, inclusive hambúrgueres, e dos rolinhos primavera, porque nenhum deles cabia na minha boca. Os alegres dias de comer pão francês, caramelos, milho na espiga e amêndoas defumadas haviam chegado ao fim.

Inexplicavelmente, eu tinha sofrido contratura de uma série de músculos, do ombro esquerdo até a bochecha. Era difícil saber a causa, mas os meses que passei curvada sobre um laptop certamente não haviam ajudado. Um ortodontista culpou minha má oclusão pelo maxilar defeituoso. Conseqüentemente, no desespero de poder voltar a bocejar com vontade, em plena meia-idade, comecei a usar aparelho nos dentes. Não era só humilhante, mas também terrivelmente doloroso. Durante semanas, as gengivas, os dentes, o maxilar e bochechas latejaram. Queixava-me freqüentemente, em voz alta. Scott garantia que eu iria me acostumar com todo aquele metal em minha boca. Não me acostumei.

Uma manhã, quando iniciei mais um discurso sobre como estava sentindo desconforto, Scott apenas olhou para mim sem expressão. Não disse uma palavra, não deu qualquer sinal, nem mesmo um aceno, de estar atento ao falatório.

Rapidamente, perdi o ímpeto e comecei a me afastar. Então surgiu uma luz e voltei até onde ele estava:

— Você está me dando uma SMR?

Silêncio.

— Você está, não é mesmo?

Finalmente ele sorriu, mas a SMR já cumprira seu papel. O animal havia começado a treinar o treinador.

9
A ALEGRIA DOS COMPORTAMENTOS INCOMPATÍVEIS

Os grous-coroados africanos do SeaWorld de San Diego adquiriram um hábito desagradável — pousar sobre os treinadores. Enquanto estes passeavam pelo parque dos animais, os grous voavam sobre eles, com as grandes asas nas cores branca e ardósia curvadas contra o vento. As aves atendiam quando eram chamadas, mas, batendo as asas e estendendo os pés semelhantes aos de um dinossauro, pousavam nos ombros ou na cabeça dos treinadores. Era como se uma barraca de praia caísse do céu sobre sua cabeça. Embora pesem apenas de três a quatro quilos, eles podem alcançar 1,20m de altura, principalmente de pernas. Eles têm um longo esporão que lhes permite empoleirar-se nas árvores, mas que também belisca os ombros e agarra os cabelos. Na verdade, ninguém gosta de ter um grou-coroado empoleirado na cabeça.

Em vez de tentar fazer as aves pararem de pousar sobre eles, os treinadores ensinaram um comportamento que inviabilizava o que não desejavam — os grous aterrissarem sobre cabeças e ombros. Os treinadores ensinaram as aves a pousar sobre esteiras que eles jogavam no chão à sua frente. As aves não conseguiam pousar simultaneamente nas esteiras e na cabeça das pessoas.

Durante minha visita ao parque, um treinador bronzeado, atlético e de cabelos louros mechados como os de um salva-vidas caminhou por um gramado viçoso para dar uma demonstração. Um grou que estava voando, com sua característica coroa dourada brilhando ao sol do meio-dia, percebeu o treinador, desdobrou as grandes asas e, batendo-as uma ou duas vezes, ascendeu ao céu como uma pipa, com as longas pernas estendidas para trás. O rapaz se voltou, chamou a ave e jogou a esteira à sua frente. O grou, então, juntou as asas, alongou as pernas, abriu os dedos e fez um pouso perfeito sobre a esteira.

Esse é um exemplo do que os treinadores chamam de "comportamento incompatível", um conceito simples, mas brilhante. Sua premissa essencial é ensinar o animal a fazer outra coisa, e não a deixar de fazer algo. O recurso consiste no fato de os treinadores escolherem uma ação que torne impossível a primeira. Se Shamu está infernizando os colegas de piscina, faça-a apresentar a cauda ou a barbatana peitoral na borda da piscina. Ela não vai conseguir fazer isso e ao mesmo tempo perseguir as outras orcas.

Os treinadores usam com freqüência comportamentos incompatíveis. Na escola de treinamento, quando Rosie, o babuíno-cinzento, pisca rapidamente em direção a alguém, o que, na linguagem dos babuínos, significa "Quero brigar com você", os alunos fazem a macaca executar o que eles chamam de "comportamentos de controle". O babuíno imita o treinador, que cobre os olhos, as orelhas e a boca, na clássica seqüência dos macaquinhos, muito apropriada nesse contexto. Por mais fofa que seja a pantomima, seu objetivo é fazer Rosie se concentrar no treinador. Ela não pode fazer isso e, ao mesmo tempo, lançar olhares malévolos a outros.

Fechados em um auditório sem janelas num congresso em Baltimore, eu e uma sala cheia de tratadores de zoológico ouvimos como dois aquaristas resolveram com um comportamento incompatível o enigma de Lance e Dottie. No Living Seas, o aquário com 22 milhões de litros que a Disney tem na Flórida, as duas arraias-pintadas tornaram-se um problema. Esses peixes têm uma cauda longa, como um chicote, e podem atingir uma envergadura de três metros, embora por sorte Lance e Dottie não fossem tão grandes. Sempre que os mergulhadores entravam no tanque para alimentar os peixes, as duas arraias mordiscavam-nos, puxavam as máscaras e até arrancavam os reguladores. A arraia não tem dentes, mas possui um palato ósseo que usa para esmagar a casca dos crustáceos. Esse palato resistente pode realmente machucar. Para os mergulhadores, nadar no tanque se tornou cada vez menos um reforço. Eles já nem precisavam estar na água para ser beliscados. No vídeo que exibiram no congresso, uma mergulhadora está sentada na beira do tanque, com as nádegas avançando um pouco sobre a água. Vê-se um movimento na água, junto ao traseiro da mergulhadora. Ela salta e grita: "Ai!" Uma das arraias havia acabado de cutucar-lhe o traseiro.

É provável que esse comportamento abusivo tenha surgido porque os mergulhadores carregavam a comida das arraias sobre o corpo e alimentavam os peixes com as mãos. Conseqüentemente, as arraias começaram a pensar nos mergulhadores como cochos humanos. Era necessária uma solução de treinamento, mas, até onde se sabia, ninguém jamais havia treinado arraias-pintadas. Mas os aquaristas contundidos não tinham nada a perder com a tentativa.

Decidiram ensinar a Dottie e Lance um comportamento incompatível. Colocaram o jantar das arraias em um pequeno recipiente de PVC, equipado com uma tampa que elas conseguiam abrir. Então os mergulhadores seguravam com as mãos o cocho improvisado, mantendo-o distante do corpo com os braços esticados. As arraias não conseguiam comer e, ao mesmo tempo, infernizar os mergulhadores.

Demorou um pouco, na verdade meses, mas elas acabaram aprendendo. Enquanto cutucavam o alimentador com seus focinhos largos e chatos, deixavam os mergulhadores nadarem em paz. O vídeo terminava com uma das arraias planando em meio à luz cinza-esverdeada do tanque, avançando na direção de um mergulhador de mãos vazias. Este aponta para outro, o que carrega o alimentador. A arraia dá a volta, bate as largas asas escuras e flutua em direção ao mergulhador que carrega o almoço.

―

Parece-me que a beleza do comportamento incompatível é utilizar um fenômeno natural: precisa-se de mais energia para fazer parar um objeto em movimento do que para mudar sua direção, ou seja, pode ser mais fácil convencer alguém a fazer algo diferente do que a deixar de fazer alguma coisa. A técnica requer alguma criatividade, até mesmo senso de humor. Também vale a pena conhecer a espécie em questão, porque é mais fácil transformar em comportamentos incompatíveis os instintos ou aquilo que o animal gosta de fazer naturalmente.

Minha primeira idéia foi tentar um comportamento incompatível com Dixie. Sempre que colocava os dois filhotes no banco traseiro do carro, Dixie, a dominadora, sentia necessidade de lembrar a Penny Jane quem mandava. Ela bloqueava a passagem ou empurrava a outra. Eu tentava conter o atrevimento de Dixie, sem muito êxito. Para Penny Jane, entrar no carro nunca era algo muito divertido.

Portanto, comecei a colocar Penny Jane no carro antes de Dixie. Assim que as patas desta tocavam o banco traseiro, eu pedia um beijo. Aquela cachorrinha adora beijar, portanto não era difícil conseguir que se dispusesse ao beijo. Não era possível a Dixie dar uma de suas características lambidas em minha bochecha (ela sempre dá um jeito de enfiar a língua na minha orelha) e ao mesmo tempo empurrar Penny Jane. Além disso, o beijo parecia desviar de sua mente a idéia de impor sua condição de dominância. Então ela simplesmente se sentava e lá íamos nós.

Com esse problema resolvido, voltei minha atenção para outro membro da matilha, aquele conhecido como Cachorrão. Scott tinha o hábito de me cercar no fogão quando eu estava cozinhando. Isso me aborrecia. Eu lhe pedia para me dar um pouco de espaço, e ele se afastava, mas pouco tempo depois voltava, justamente quando eu estava preparando uma omelete ou despejando vinho numa caçarola quente. Eu ladrava e ele parecia surpreso de se ver novamente junto ao fogão. As chamas, a comida, sua fêmea, acho que ele não conseguia evitar: instintivamente, ele se aproximava.

A fim de levá-lo para longe de mim e do fogão, eu colocava na outra ponta da bancada um molho de salsa para ele picar ou queijo para ralar. Ou colocava no lado oposto da cozinha uma tigela de batatas fritas, molho picante e uma cerveja. Logo eu tinha conseguido o que desejava: meu marido não podia estar em dois lugares ao mesmo tempo. Um comportamento incompatível sintonizado com as inclinações naturais de Scott — afinal, ele é um animal motivado por comida, ou melhor, motivado por batatas fritas — realizou o que anos de latidos não conseguiram.

Inspirada por meu sucesso, experimentei em minha mãe um comportamento incompatível. Quando vou visitá-la, gosto de comprar alguma lembrança para sua casa. A idéia é nos divertirmos, sairmos juntas para fazer compras e ela mesma escolher o presente. Mas na maioria das vezes, ao chegarmos à loja, ela despejava uma imensa lista de razões pelas quais não precisava de nada, uma litania que em geral me acompanhava até o caixa. Era tão divertido quanto ter um grou-coroado batendo as asas para aterrissar em minha cabeça. Quando tornei a visitá-la, vistoriei a pequena casa de sítio e decidi o que lhe poderia ser útil (quase sempre luminárias). Pedi o carro dela emprestado, inventando uma justificativa, e fui sozinha às compras. O fato de minha mãe ter ficado em casa era incompatível com ela me impedir de lhe comprar um presente. Cheguei à casa dela com uma luminária em uma mão e um abajur na outra. "Ah, puxa, não precisava", ela exclamou. Então nos divertimos imaginando onde colocar os objetos.

Arquitetei um comportamento incompatível, na verdade, uma situação incompatível, para um vizinho que resolveu tratar como propriedade dele nosso maltratado quintal. Ele armazenou do nosso lado da cerca sacos de serragem, skates velhos, galões de plástico e uma mesa de teca que não queria mais. Outro proprietário no condomínio sugeriu fazer-lhe uma advertência. Eu duvidava da eficácia de dar-lhe um ultimato. Como se tratava de um vizinho, era importante mantermos boas relações com ele. Além disso, embora o quintal fosse nosso, ele empilhou coisas ali durante muitos anos sem que ninguém reclamasse. Como diria um treinador, ele estava padronizado.

Decidi fazer uma reforma no quintal. À medida que eu fosse acrescentando azaléias e hortênsias, sobraria menos espaço para as coisas dele. Ele teria de removê-las. Para começar, o quintal precisava de um pouco de bom-trato e imaginei que esse vizinho, de cuja casa se avistava nosso terreno maltratado, gostaria de qualquer melhoria. Levaria tempo, mas achei que teríamos mais chance de obter bons resultados dessa maneira do que por meio de confrontação.

Também pensei em uma de minhas alunas que tem tendência à histeria. Como mencionei antes, uma vez improvisei ir embora e deixá-la para trás, mas precisava de uma solução mais amável. Percebi que ela guardava as baterias emocionais para quando estávamos sós. Diante disso, o comportamento incompatível era óbvio: só conversar com ela quando houvesse outras pessoas em volta. Imaginei corretamente que isso iria mantê-la de cabeça fria. Essa solução era como pedir a uma orca para apresentar a barbatana peitoral na beira da piscina. O comportamento impede que Shamu incomode os colegas de tanque, mas a própria apresentação do peitoral, uma ação tranqüila, promove a calma.

No caso da estudante, isso era mais complicado, porque ela se demorava após a aula, esperava que os outros alunos fizessem suas perguntas e só se aproximava quando todo mundo tinha ido embora. Portanto, depois da aula, quando os alunos se reuniam a meu redor, se eu visse essa aluna nervosa esperando, me dirigia a ela. "Você tem alguma pergunta?", indagava, fazendo o grupo de estudantes esperar, mantendo-os na sala. Enquanto conversávamos, se eu percebesse que o resto da turma se dirigia para a porta, eu os acompanhava. Se ela quisesse continuar a falar comigo, teria de me seguir até a rua, para dentro da massa de animais humanos, onde certamente não estaríamos a sós.

Também experimentei alguns comportamentos incompatíveis comigo mesma. Detesto esperar. À medida que vão se acumulando os segundos ociosos, fico cada vez mais irritada. Como funciono em uma rotação maior que a de meu marido, sempre acabava fazendo hora enquanto ele tomava banho, se barbeava, se vestia e fazia só Deus sabe o que mais para uma saída noturna. Eu precisava de um comportamento incompatível com o ato de esperar. Agora, sempre que fico pronta antes dele, vou para o jardim limpar o mato rasteiro das plantas. Gosto de arrancar ervas daninhas, atividade que combina exercício com ar fresco, limpeza, cuidados e dominação (eu decido o que vai viver e o que vai morrer), tudo num único ato. Isso não só me mantém ocupada — logo constitui tecnicamente um comportamento incompatível com esperar — como ainda o ato físico, tirar a vida de plantas inocentes, afasta a frustração. Mas há duas desvantagens. Arrancar plantas daninhas é um trabalho que suja. Eu já abri o cardápio num restaurante chique e me assustei, não com o preço das entradas, mas com a súbita constatação de que a terra preta tinha ficado sob minhas unhas. Já me sentei no escurinho do cinema e notei que tinha na calça uma mancha estranha, quase fosforescente, cor-de-laranja. Mais tarde, à luz do banheiro, vi que era pólen do lírio amarelo. Limpar o mato também é um comportamento incompatível sazonal. Com tantos meses de frio na Nova Inglaterra, é preciso trocar essa atividade pela arrumação da cozinha, o que não é tão divertido quanto arrancar mato. Na verdade, não me diverte nem um pouco. Portanto, embora eu esteja ocupada e me sinta produtiva enquanto faço a limpeza, um balcão cheio de taças de vinho manchadas pode me deixar mais frustrada que a simples espera. Nem todos os comportamentos incompatíveis são iguais. Preciso de um plano alternativo para o inverno.

Os comportamentos incompatíveis existem há pelo menos tanto tempo quanto os planos de batalha. Se você atrair seu inimigo para uma frente de batalha, isso é um comportamento incompatível com um ataque das forças dele por sua retaguarda. Muitas pessoas — professores, treinadores, patrões, pais, cônjuges — adotam essa técnica. Recentemente, quando fui à prefeitura renovar a licença de meus cachorros, descobri que a caneta sobre o balcão tinha criado uma cauda. Na ponta da caneta foi colada com fita adesiva a uma longa colher de plástico. Os funcionários fizeram isso para evitar que pessoas distraídas como eu levassem o objeto. Tornar a caneta duas vezes mais comprida foi um comportamento incompatível. As pessoas não podem distraidamente colocar no bolso o que não cabe ali. Eles poderiam ter colocado um aviso com o pedido: "Não leve a caneta, senão..." Porém, o comportamento incompatível era uma maneira mais garantida, e também mais simpática, de manter no lugar o instrumento de escrita.

Mandar alguém executar uma tarefa para tirá-lo do caminho é um comportamento incompatível. Todo ano, na época das festas, percebo um número muito maior de homens no mercado. Eles vagam sem destino com listas amassadas dentro das mãos enormes, parecendo totalmente perdidos em meio às luzes brilhantes e prateleiras organizadas. É como se fosse uma estranha migração anual. Agora percebo por que estão ali, procurando maionese entre os vidros de geléia, contemplando as brilhantes prateleiras de azeite de oliva, ajoelhando-se para examinar gordas latas de tomates (em purê, inteiros, pelados?), zonzos diante de tanta escolha. A cozinheira em casa pode estar precisando de alguns artigos, mas tenho a suspeita de que raramente o caso é tão simples. As esposas devem ter dado a eles um comportamento incompatível. Para tirar os maridos de dentro de casa enquanto elas preparam a ceia, as mulheres mandam-nos comprar açúcar, manteiga, oxicoco ou, se quiserem garantir a demora, artigos difíceis de encontrar, como bandagem para fazer queijo minas, alcaparras e um pacote de fermento de padaria.

Os pais, em especial, usam essa abordagem sem perceber que ela tem um nome e uma correspondência no mundo do treinamento de animais. Minha mãe dificilmente nos mandava ficar quietos. Em vez disso, nos mandava brincar fora de casa, onde não iríamos elevar os decibéis do interior da residência. "Não está chovendo tanto assim", dizia, enquanto nos ajudava a encontrar nossas capas de plástico. Muitas mães da vizinhança tinham a mesma idéia e sempre havia muito com quem brincar na chuva, na neve, ou o que fosse. A vantagem é que nos tornamos bem resistentes.

Eu já tinha usado alguns comportamentos incompatíveis pela vida afora, muito antes de saber que se tratava disso. Qualquer um que tenha cuidado de crianças sabe como é difícil conseguir colocar os pimpolhos para dormir. A maioria das crianças adora ficar com uma babá temporária; a quebra da rotina as deixa frenéticas. Em meus primeiros tempos como *babysitter*, quando a luz do automóvel iluminava a casa anunciando que a qualquer momento os pais entrariam pela porta da frente, eu ficava de joelhos e implorava às três criancinhas que fossem para a cama. Finalmente, fiquei esperta e comecei a cansar as crianças a tal ponto que elas acabavam se recolhendo por iniciativa própria. A total exaustão é incompatível com a recusa a se deitar. Eu inventava jogos agitados, de muita atividade física. Um dos mais populares era o Restaurante Barulhento. Eu, a cliente, e dois garotinhos, o garçom e o cozinheiro, gritávamos uns com os outros. "Quero um hambúrguer!", eu berrava. "Como você prefere o hambúrguer?!", berrava de volta o minigarçom. O minicozinheiro batia as panelas e gritava "Está pronto!". Depois de uma tarde no Restaurante Barulhento, era preciso carregar as crianças para a cama.

Os comportamentos incompatíveis são apenas uma forma gostosa de fazer as coisas, tanto assim que podem ser um bom recurso também para quem os aplica. É muito mais agradável colocar na mesa batatas fritas e molho picante para meu marido que ficar o tempo todo lhe pedindo que se afaste. Gostei do prazer simples de comprar uma surpresa para minha mãe. Gostei muito mais de fazer jardinagem em nosso quintal do que de precisar confrontar o vizinho. O Restaurante Barulhento também era divertido para mim. E um beijo de Dixie me faz ganhar o dia.

Hoje em dia, quando cada grou-coroado figurativo bate as asas e estica os pés para pousar em minha cabeça, eu pego a esteira.

10
TRABALHANDO COM GRANDES FELINOS

Sempre que leva um de seus dois pumas a passeio pela escola de treinamento, preso na corrente, ou quando entra na jaula onde eles vivem, Mara Rodriguez fica atenta a aspectos de linguagem corporal que revelem se os felinos estão começando a se sentir aquilo que realmente são — respeitáveis predadores. Ela procura por pupilas dilatadas, cabeça abaixada, postura levemente agachada ou um olhar fixo que não se desvia, uma espécie de transe predatório. Ela prefere que o felino não esteja com o olhar fixado especificamente sobre ela, mas, se ele estiver encarando qualquer coisa, esse pode ser um sinal de problema. Um puma com os olhos fixos numa árvore pode ter avistado atrás dela um coelho ou qualquer outra guloseima. Se o puma decidir caçar, o treinador que segura a corrente será levado de roldão.

Uma vez, quando caminhava acompanhada por uma aluna que conduzia um puma na corrente, Rodriguez percebeu uma levíssima alteração no passo do animal. Ela pegou a guia. Depois de mais três passos, o grande felino olhou para trás e, sem nenhuma razão perceptível, arrancou. Rodriguez segurou a corrente com firmeza, juntou os joelhos e deitou-se de bruços para dificultar ao máximo o arrastamento. O puma puxou a treinadora por uns quatro metros sobre uma estrada de cascalho, até parar. Rodriguez ficou com a blusa e as calças rasgadas e com a pele do antebraço ralada.

Alguns tipos de mau comportamento não podem ser ignorados: um leão que avança, um papagaio que bica, até mesmo um veado que se ergue sobre as patas traseiras (é preciso tomar cuidado com os cascos dianteiros). Quando as presas de um animal estão voltadas para sua jugular, você não pode fingir indiferença para evitar reforçar um comportamento que é terrivelmente indesejável. As recompensas já não surtem resultado algum. Uma SMR pode causar sua morte. É melhor ter um chicote, uma bengala ou um bastão de beisebol na mão, embora recentemente um treinador tenha usado apenas sua habilidade profissional para se livrar de uma Shamu enfurecida que o agarrou pelo pé. O homem permaneceu calmo, sem reagir, até a orca soltá-lo.

Segundo aprendi com treinadores como Rodriguez, o ideal é nunca chegar ao tenebroso ponto em que dentes, garras ou cascos entrem em contato com a carne humana. Em vez disso, é melhor procurar os sinais mais sutis e precoces de que o animal tem intenções indesejáveis. Assim é possível interromper de imediato o comportamento. De acordo com alguns relatos, talvez tenha sido isso o que Roy Horn estava fazendo na noite em que seu tigre o atacou no meio do espetáculo em Las Vegas. O tigre fixou os olhos em alguém na platéia. Horn deu um tapa no focinho do animal para distraí-lo e interromper o olhar fixo. Então, infelizmente, o felino agarrou o braço de Horn. Na briga que se seguiu, o domador caiu sobre o palco e o tigre mordeu-lhe o pescoço.

Se Rodriguez percebe o menor indício de agressividade no puma, o que os treinadores chamam de antecedente, ela redireciona o animal, isto é, procura distraí-lo com um comando, uma mudança de direção, caso estejam caminhando, ou até mesmo um tapa no focinho, como se dissesse: "Sai dessa, cara!" Ou então ela sai da jaula. A treinadora age imediatamente para interromper o comportamento antes que ele ganhe força. Pode-se conseguir distrair um grande felino naqueles primeiros segundos em que ele apenas começou a pensar em atacar, mas não depois que tomou a decisão.

A maioria das espécies anuncia suas intenções e disposições. Essa providência pode persuadir um filhote atrevido a esfriar a cabeça, pode repelir um pretendente inoportuno ou talvez resolver alguma disputa de território sem a necessidade de brigas. Golfinhos e orcas insatisfeitos dão tapas na água com as barbatanas peitorais, esguicham água, sopram bolhas ou estalam os maxilares. Um leão-marinho agitado pode balançar a cabeça ou mudar abruptamente de expressão facial. Os papagaios eriçam as penas da cabeça, avançam com os bicos ou resmungam. Os babuínos assobiam ou piscam exageradamente.

Qualquer comportamento anormal também pode ser um sinal. Os treinadores ficam atentos se um animal noturno estiver totalmente desperto ao amanhecer, um animal irrequieto estiver inerte, um animal gregário tornar-se de repente muito tímido. Essas condutas fora do comum podem comunicar uma mudança de humor para pior, ou talvez um grave problema de saúde. Na maioria das espécies, um olhar fixo, de pupilas dilatadas, não costuma ser um bom sinal, principalmente quando dirigido a você.

Animais individuais podem ter os próprios indícios — mais uma razão pela qual os treinadores devem conhecer seus tutelados. Como mencionei antes, o dromedário Kaleb era dado a sérios acessos de cólera durante os passeios pela escola. Os estudantes que trabalhavam com o animal precisavam aprender a decifrar as pistas. Se o ânimo de Kaleb começava a declinar, o ungulado de mais de duzentos quilos levantava o rabo, contraía o corpanzil, inclinava para trás as orelhas arredondadas e retraía os lábios, e por vezes espumava um pouco na bocarra. Se essa linguagem corporal parece muito óbvia, leve em conta o fato de Kaleb não gostar de ser olhado por quem puxava a rédea. Olhar para o camelo podia levá-lo a perder o controle. Uma ótima aluna aprendeu a aferir o estado de humor da Kaleb observando-lhe a sombra. Com o tempo, ela conhecia tão bem a linguagem corporal do camelo que não precisava vê-lo; através da rédea, ela conseguia perceber a tempestade se formando no animal. Quando isso acontecia, ela puxava a corda com força para abaixar-lhe a cabeçorra. Se esse movimento não mudasse o humor dele, pelo menos dava a ela maior controle sobre o camelo em ponto de fervura.

A LEITURA DOS SINAIS

A linguagem corporal não é novidade para mim. Tal qual a maioria dos humanos, utilizo e compreendo, embora às vezes não muito bem. Sempre que meu pai apontava o dedo médio em minha direção, uma de suas péssimas piadas estava a caminho. (*Você já ouviu aquela do cachorro que bebeu gasolina? Ele começou a correr em círculos e de repente caiu duro. O tanque havia secado!*) Quando o gerente alcoólatra e jogador compulsivo de um restaurante onde trabalhei saía de sua toca no porão, ia haver gritaria. O copidesque do jornal que adorava uma discussão olhava fixamente para mim antes de começar uma briga. Uma jogadora do clube de pôquer sempre pedia para ver a regra do jogo quando estava com uma boa mão. Para quem não conseguia lembrar se um full house vale mais que dois pares, ela ganhava muito. Felizmente, ela dava muitas pistas. Bastava ela olhar a regra do jogo e eu passava, redirecionando um pouco seu comportamento. Ela ainda ganhava, mas não muito à minha custa.

Certa vez trabalhei para o redator de um jornal em Vermont. Toda vez que tinha uma idéia para uma boa matéria, ele se levantava, alongava os braços, soltava um suspiro exagerado, esfregava a barriga e fingia lançar uma bola de beisebol. Então passava os olhos pela redação, em busca de um repórter ocioso. Não era preciso ter trabalhado muito tempo nesse jornal para saber que, quando o redator ficava de pé e se alongava, e seguramente quando ele apalpava o estômago, era melhor parecer muito ocupado. Nós, os repórteres veteranos, levantávamos o telefone e fingíamos estar concentrados entrevistando alguém ou martelando o teclado, como se estivéssemos fazendo anotações.

Na linguagem dos treinadores, eu estava decifrando as pistas do redator que precediam um comportamento que não me agradava: a delegação de mais uma tarefa. Eu já tinha bastante trabalho, portanto desviava o comportamento dele de mim para algum pobre idiota que estivesse em sua mesa lendo o *The New York Times*. No entanto, essa era uma exceção, pois com muita freqüência só reajo a uma pista, mesmo escandalosa como a do redator, quando já é muito tarde.

Tal como muitas pessoas, tendo a ignorar todo tipo de sinal, seja sutil ou não, às vezes por polidez, às vezes por negação, até aquilo ter chegado a tal ponto que eu me veja obrigada a tomar alguma providência. Eu esperava que o redator olhasse para outro lado, que o gerente não gritasse comigo, que meu pai finalmente encontrasse uma boa piada, e não viesse mais uma vez com a história do cachorro bebedor de gasolina. Segundo um conhecido meu, as pessoas não vêem as pistas porque em nosso peito jorra a eterna esperança de que dessa vez seja diferente, de que a criança exausta não saia de controle, de que o amigo não se lamente, de que o patrão não grite. Talvez, mas é muito pequena a distância entre a esperança e a preguiça. Eu sei que um coração cheio de esperança com freqüência me levou direto para o caminho de menor esforço, que geralmente conduz na direção errada.

Um verão, quando eu trabalhava na França como *au pair*, sempre que me cansava das três crianças a meu cargo, simplesmente desligava no cérebro o botão da capacidade de falar francês. Assim, eles podiam dizer qualquer coisa e tudo o que eu ouvia era um abençoado "blábláblá". Numa dessas ocasiões, estávamos jantando. Passei um queijo cremoso em uma fatia de pão francês. Quando levei o pão à boca, Alix, uma menina de cinco anos, começou a me dizer "blablablá", e foi aumentando a ênfase à medida que eu aproximava da boca o pão. Ela agitava as mãozinhas e apontava meu lanche. Finalmente, já de boca aberta, vi que o petisco em minha mão estava se mexendo. O queijo estava, digamos, supervencido. Fechei a boca e liguei o botão do francês. "Tem uns bichinhos no seu queijo!", gritava Alix. Joguei a porcaria toda no quintal.

AGRESSÃO DESLOCADA

Animais zangados e frustrados, principalmente primatas e grandes felinos, costumam atacar o que estiver a seu alcance. Uma vez, durante uma sessão de treinamento na escola, a leoa Kiara acidentalmente caiu da prateleira em sua jaula e se estatelou no chão de concreto. Acontece que os leões não são muito elegantes. Ela soltou um rugido alto e cheio de dentes, dando em seguida uma patada num tronco suspenso do teto.

"Pega ele, pega ele!", atiçou o aluno. Por fim, tendo mostrado ao tronco quem mandava, Kiara superou a irritação, caminhou tranqüilamente de volta ao estudante que a esperava, e retomou o treinamento.

Isso é o que os treinadores chamam de agressão deslocada. Ela não é exclusiva do zoológico. Vejo-a todos os dias pelo retrovisor, quando uma picape 4x4 cola no meu pára-choque. Ou quando o caixa da loja se irrita ao receber uma nota de 50. Cônjuges dos dois gêneros costumam sentir as garras da agressão deslocada. O mesmo acontece com crianças, pais, irmãos e empregados. Minha mãe passou por um famoso episódio de agressão deslocada numa viagem de férias da família, quando a gaveta de talheres de nosso trailer se recusou a abrir. Minha mãe descarregou sobre a gaveta toda a frustração de uma semana horrível e chuvosa nas montanhas Smoky, dos sacos de dormir que não secavam, das fogueiras que não acendiam, da lama permanente no chão do veículo. Enquanto ela puxava insistentemente a gaveta, nós, as quatro crianças, empilhadas no veículo, porque a chuva não parava, recuamos e nos espremememos contra as paredes de lona. Poderíamos ter corrido para fora, mas aquilo era como observar um misterioso fenômeno natural. Tínhamos de ver o que aconteceria. Minha mãe puxou com força mais uma vez e de repente a gaveta se soltou. Facas, talheres e garfos voaram pelo trailer e caíram com estrépito em torno de nós. Ficamos muito mais impressionados que assustados com o poder dela e com os talheres voadores. Mais tarde, rimos sem parar de nossa mãe, a bomba de talheres.

A agressão deslocada não é justa nem correta: é um fato da vida. Dito isso, decidi deixar de tomá-la de modo tão pessoal, principalmente quando parte de meu marido. Não me entenda mal, ela não me agrada. O que me leva ao segundo aspecto da questão. É por isso que agora procuro decididamente evitá-la. Quando meu marido está brigando com a bicicleta, por exemplo, porque o selim não se encaixa direito ou alguma outra bugiganga engraxada não quer cooperar, não falo com ele, nem sequer para lhe passar alguma informação fundamental como: "Sua torrada está pronta", ou mesmo um simples "Oi". A única situação em que talvez quebrasse essa regra seria para gritar "Leopardo à vista!".

Pelo princípio inverso, quando tenho vontade de dar um tapa em alguém, em geral no meu marido, procuro um tronco para bater. Neste outono, quando não consegui encontrar um adesivo de estacionamento de que precisávamos para nosso carro, eu desmoronei. Fora um dia difícil, precedido por uma semana também difícil. A perda do adesivo foi a última gota, a gaveta de talheres emperrada. Scott se ofereceu para me ajudar a procurar, o que inexplicavelmente me fez desejar o divórcio na hora. Portanto,

> com o resto de autocontrole que consegui reunir, subi as escadas e me atirei na cama para vociferar contra os adesivos de estacionamento, o casamento, a vida. De alguma maneira, consegui fazer tudo isso enquanto folheava um catálogo. Pouco a pouco, as imagens de mantas caprichosamente dobradas e de lençóis de cores vivas me acalmaram. Ao sair do ataque de insanidade mental temporária, ouvi Scott gritar escadaria acima: "Encontrei o adesivo."

Um treinador jamais pode se permitir deixar de prestar atenção ou reagir. Perder de vista um sinal, mesmo de um animal pequeno, pode trazer graves conseqüências. O adestrador não pode simplesmente ficar esperando que tudo dê certo por si só, que o felino com as presas à mostra não salte sobre ele, que o macaco agitado não morda. No zoológico de treinamento, por causa da combinação de excesso de confiança com pouca experiência inerente à condição de estudante, os novos treinadores nem sempre prestavam atenção aos sinais que um profissional veria. Uma das melhores alunas, que havia treinado um camelo, um babuíno e os pumas, certa manhã entrou na gaiola do macaco-da-noite, embora alguma coisa claramente estivesse errada. O mamífero noturno das florestas tropicais, que parece uma criatura de conto de fadas com seus grandes olhos brilhantes, focinho rosado e longa cauda preênsil, estava no chão, totalmente alerta. Em circunstâncias normais, ele estaria dormindo em sua caixa. Apesar disso, a estudante entrou na gaiola. Imediatamente, o macaco enfiou os dentes pequenos, mas afiados, na mão da aluna. O símio ficou de dentes cravados por vários minutos, fazendo um estrago na falange e no ego da estudante.

———

Uma treinadora contou-me como usava a leitura de pistas em casa com o filho. Ela observou que momentos antes de perder a calma ele levantava uma sobrancelha. Ao ver a sobrancelha subir, ela rapidamente mudava de assunto ou lhe fazia cócegas. A questão não é só perceber o sinal, mas agir em função dele. Ocorreu-me fazer o mesmo com meus animais humanos: começar a prestar atenção às pistas e, como um treinador, agir em função delas. Isso poderia me salvar de algumas mordidas figuradas, resolvendo alguns dilemas comportamentais aborrecidos. Um deles logo me veio à mente.

Na maioria das noites, Scott entra no banheiro antes de mim. Quando isso acontece, posso ter de esperar uma boa meia hora antes de conseguir lavar o rosto, enquanto ele estuda os verbetes de uma enciclopédia de rock'n'roll. Já bati à porta e perguntei quanto tempo ele demoraria. Ouvi uma página ser virada e a resposta: "Só mais alguns minutos." Foram mais 15 minutos. Falando sério: o cara já passou tanto tempo lendo no banheiro que as pernas ficaram dormentes. Ignorar que ele estava no banheiro não funcionou; também não adiantou eu me ofender. Precisava interromper o comportamento antes que ele começasse, ou seja, chegar primeiro ao banheiro, lavar o rosto, passar o esfoliante e o fio dental e escovar os dentes. Aí ele poderia ler de Aerosmith até Frank Zappa sem me incomodar.

No entanto, tipicamente, eu ficava deitada no sofá com nossas cachorrinhas, assistindo ao canal *Animal Planet* e pensando na possibilidade de me recolher no próximo intervalo comercial, quando ouvia a porta do banheiro bater no andar de cima e me dava conta de que mais uma vez havia perdido a oportunidade.

O que faria um treinador de animais? Agiria aos primeiros indícios de que meu marido está se dirigindo ao banheiro para ler. Os sinais poderiam ser uma revista na mão dele quando ele se dirige para as escadas ou um pedido de fim de noite como "Você viu meu catálogo de ciclismo?". Ao ver ou escutar um desses sinais, agora eu corro, respondendo: "Só preciso de um minuto!" Tendo sido redirecionado da ida ao banheiro, Scott lê no conforto de uma poltrona, onde as pernas não vão ficar dormentes.

Minha maior descoberta foi aprender a ler os sinais de meu próprio corpo e reagir a eles. Eu tenho um pouco de asma. Nunca precisei correr para a emergência de um hospital; no entanto, até uma asma discreta causa preocupação, já que pode se transformar num caso agudo, como já me disseram inúmeros alergistas ao longo dos anos. "Use o inalador", todos eles insistiram. Eu concordava, mas continuava a perder de vista todos os indícios, esperando que meus pulmões simplesmente entrassem nos eixos. Ofegando para conseguir acompanhar meus cachorros, finalmente procurava o inalador. Em geral, a essa altura, a asma já se instalara a ponto de eu ter de usar artilharia pesada, ou seja, o inalador de cortisona. Eram necessários dias ou até mesmo semanas para domar meus pulmões. Se a asma fosse um leão, eu estaria morta.

CONTEXTOS

Digamos que minha asma fosse um leão: qual seria o primeiro sinal de que meus pulmões estavam prestes a se comportar mal? Aquele seria o momento de redirecionar minha asma com alguns jatos do inalador. Mas eu não fazia a menor idéia. Precisava prestar atenção. Nas próximas vezes em que meus pulmões entraram em pane, prestei atenção. Percebi uma discreta sensação de pressão no peito.

É isso que os treinadores de animais fazem. Às vezes, para descobrir o que causa um comportamento, precisam deixar que aconteça. Então, ficam atentos aos primeiros sinais apresentados pelo animal, os antecedentes, para reconhecê-los da próxima vez. Os treinadores também observam os acontecimentos ou circunstâncias que precipitam o comportamento, o que eles chamam de precursores. Um precursor bastante comum que afeta muitos animais em cativeiro é mudar o animal de local ou de tanque. Outro é ser examinado por um veterinário. Na escola de treinamento, um precursor dos ataques de Kaleb era a trilha de cavacos de madeira perto da área das tartarugas de Galápagos. Caminhar sobre os fragmentos soltos de madeira sempre fazia o camelo escoicear e empinar. Na verdade, era para lá que os estudantes levavam Kaleb quando queriam praticar alternativas de controlar-lhe os ataques de fúria. Eles puxavam a cabeça do camelo para baixo antes mesmo de chegar à trilha. Se um treinador sabe quais precursores precipitam um comportamento indesejado no animal, ele pode evitá-los ou alterá-los, ou pelo menos preparar-se. A idéia é ver mais do que o comportamento; é ver o que vem antes dele, o que o cerca, qual é o contexto.

O contexto é tudo o que leva a um comportamento — o conjunto de todos os precursores e antecedentes. Há muitos contextos para o mau comportamento humano, de pequenos a monumentais. Toda manhã, em lares espalhados por todo o mundo, desenrola-se o contexto hora-de-levar-as-crianças-para-a-escola, que se inicia com perguntas inocentes como "Você está levando seu dever de casa?" e culmina com muitos silvos e unhadas figurados (e às vezes literais). A saída de um cônjuge — para o mercado, para fora da cidade, para as férias — também gera contexto para muitos rosnados agressivos. Se eu fosse uma advogada especializada em divórcios, acho que instalaria meu escritório no aeroporto e atenderia quem entrasse ali.

Eis o contexto de mau comportamento entre mim e minha mãe: estamos comendo fora, em um lugar que pode ser desde uma lanchonete a um restaurante francês cinco estrelas. Acabamos de comer. O garçom traz a conta. Cada uma de nós avança sobre o papel, que é agarrado, puxado para lá e para cá enquanto ambas gritamos "Eu pago", "Não, sou eu que pago". Esse cabo-de-guerra à mesa é uma antiga tradição de família. Algumas das lembranças mais remotas que tenho envolvem minha mãe, minha tia e minha avó caindo sobre a conta, tentando arrebatá-la umas das outras. Embora fossem mulheres adultas, minha mãe e minha tia disputavam, dengosas, o apoio da mãe delas. Minha avó, que geralmente ganhava essas disputas, levantava bem no alto a nota, dando um sorriso maroto. Gostava de ganhar o que fosse. Essa agressão simulada, como diria um treinador, representava para mim apenas uma parte de um jantar fora em família. Para Scott, não era assim: ficava mortificado por esse hábito familiar. Ele queria levar a querida sogra para jantar fora, mas sem disputar a conta na queda-de-braço.

Portanto, Scott e eu analisamos o contexto: a conta chega e pelo menos dois membros de minha família estão sentados à mesa. Percebemos que é preciso decidir muito antes do fim da refeição quem vai pagar a conta. Como faço parte do contexto da briga pela conta, era preciso me abster figurativamente. Da vez seguinte em que fomos a um restaurante com minha mãe, ao nos sentarmos, meu marido disse a ela que gostaria de pagar. Ela concordou. Quando o garçom trouxe a nota, sentindo o impulso de avançar sobre o papel, um sinal precoce de que iria fazê-lo, tratei de me redirecionar. "Vou pegar nossos casacos", falei, e saí correndo. Minha mãe juntou as mãos no colo, um instintivo comportamento incompatível com avançar sobre a nota. Meu marido calmamente pegou a conta e nesse momento finalmente foi rompido um padrão comportamental de duas gerações.

Epílogo

A VIDA DEPOIS DE SHAMU

No outono passado, Scott e eu pegamos uma barca para uma ilha em forma de luva de beisebol, que se avista de Portland. Embora fosse o feriado do Dia dos Veteranos, e as árvores já tivessem perdido a maior parte das folhas, o sol estava quente e brilhante, como num dia de verão. Fazia tanto calor que deixamos a peluda Dixie em casa e seguimos apenas com Penny Jane. A ilha era tão pequena que conseguimos caminhar de uma ponta à outra por estradas estreitas e praticamente desertas. Enquanto eu comprimia o rosto na vidraça de uma casa de veraneio desocupada, Scott fazia cestas com uma bola de basquete meio murcha que alguém havia esquecido numa quadra pública. Numa praia cinzenta e arenosa, catamos pedaços de vidro trazidos pela maré, enquanto Penny Jane mastigava mexilhões, barulhenta. Passeamos pelas fortificações militares roídas pela erosão e cobertas de trepadeiras. Corremos até a rochosa ponta setentrional da ilha, que se projetava para dentro da baía como a proa de um navio.

Enquanto o dia findava, com sua derradeira luz dourada, caminhamos de volta ao sul da ilha para pegar a barca de volta. Na estação, um de nós, não lembro qual, conferiu o horário das embarcações afixado ali e descobriu que, ao contrário do que pensávamos, a próxima barca não deveria sair tão cedo. Só partiria dentro de duas horas e meia, bem depois do poente e da hora de jantarmos em casa. Scott e eu não tínhamos trazido telefone celular ou agasalho. Naquela manhã, ao verificar o horário das barcas pela internet, ele não se lembrara de que era feriado, com menos transporte que o normal. Suspirei e chutei os pranchões de madeira da doca. Scott gemeu e bateu os pés.

Normalmente, os suspiros e o bater de pés teriam aumentado até virarem pelo menos uma discussão, e o dia maravilhoso teria terminado numa nota negativa. Contudo, ao sentir que as críticas me subiam pela garganta, pensei nos grous-coroados e procurei uma esteira. Felizmente, havia na doca uma pilha de jornais, alguns deles até recentes. Peguei um, desdobrei-o e me sentei à luz do sol ainda morna. Ler o jornal de uma ponta à outra era um comportamento incompatível com criticar meu marido (não falo enquanto estou lendo) e com esperar sem fazer nada (eu estaria ocupada com as notícias do dia). De modo consciente ou inconsciente, Scott também procurou dar a si mesmo um comportamento incompatível. Pôs-se de pé na ponta do atracadouro e ficou acenando freneticamente para qualquer barco que passasse ao largo. Não levantei a cabeça do jornal nem uma vez sequer para dizer algo desagradável como "Ninguém vai parar". Pensei em mencionar como ele parecia ridículo abanando os braços daquele jeito, mas então me dei conta de que Scott havia encontrado o que fazer e o deixei em paz. Penny Jane, com a cauda enrolada e o focinho abaixado, pôs-se a farejar uma pequena praia ao lado da doca.

Vinte minutos depois, quando eu estava lendo a seção de esportes, uma mulher de cabelos crespos e tamancos, uma das poucas pessoas que residem na ilha o ano inteiro, veio andando ruidosamente pela doca. Scott baixou os braços. Levantei os olhos do jornal. Nós a olhamos surpresos por alguns instantes e então perguntamos se iria chegar alguma barca. Ela respondeu que sim, uma amiga dela estava vindo. Essa barca, explicou, não estava mencionada no horário. Voltamos os olhos para o sul, na direção do horizonte. Pouco depois, avistamos uma grande proa branca vindo em nossa direção.

A lancha atracou na doca. Os poucos passageiros desceram e nós, tendo sido salvos de passar duas horas com fome e frio, subimos lepidamente a rampa. A não ser pela tripulação, nós três tínhamos o barco todo a nosso dispor. Quando o motor acelerou, subimos apressadamente as escadas de metal para o deque superior e nos encostamos ao beiral, enquanto a barca se afastava da ilha. No passado, se tivéssemos brigado na doca, a viagem de volta transcorreria principalmente em silêncio, com uma reaproximação lenta e talvez alguns comentários genéricos sobre o panorama ou sobre Penny Jane. Estaríamos emburrados demais para desfrutar a viagem ou o fato de tudo ter dado certo. Naquelas circunstâncias, nós nos aconchegamos um ao outro para manter o calor do corpo em meio ao frio crescente, e ficamos observando a baía tranqüila mudar dos tons róseos ao azul e ao preto, e comentando nossa aventura e boa sorte, enquanto deslizávamos pela beleza cada vez mais intensa da noite, rumo ao lar.

———

Quando me perguntam qual foi a lição mais importante que aprendi com os treinadores e seus animais, respondo: *ava-*

liar o que você está reforçando. E acrescento: *Ignorar aquilo de que não gosta*. Ah, sim, e também: *Usar comportamentos incompatíveis e conhecer sua espécie*. Além disso, talvez: *Não agir como presa quando estiver perto de um predador*. Fico indecisa; na verdade, é difícil dizer, sintetizar em *uma* coisa só. Porém, se fosse necessário, imagino que seria o fato de os treinadores e seus animais terem me ensinado a ver o mundo com outros olhos.

Em um avião para Los Angeles, noto que, toda vez que um bebê chora, o pai o abraça e faz um som sincopado e chiante. O bebê fica quieto. O pai pára. O pequenino chora de novo. "Chiu, chiu, chiu", começa novamente o pai. Enquanto observo a repetição desse ciclo comportamental, eu me pergunto quem está treinando quem. Certamente, com seu choro, o bebê comanda o pai a emitir aquele som.

Hoje em dia, tenho o tempo todo momentos Shamu desse tipo. Vejo Al Gore no cinema e me preocupo com o fato de que, apesar das boas intenções, ele esteja nos dessensibilizando para o aquecimento global. Tal como a leoa Kiara com sua caixa, logo estaremos tão acostumados à idéia de um futuro apocalipse climático que já não haverá susto. Vejo a *Supernanny* na televisão e constato que suas técnicas se assemelham às de adestradores de animais, mas que ela ganharia se aprendesse a fazer aproximações.

Entendo melhor as razões das pessoas para fazerem o que fazem. Quando uma amiga insistiu na relação com um namorado problemático, percebi o motivo: ele a mantinha no esquema de reforço variável. Quando minha mãe reagia mal à minha sugestão de que usasse um aparelho auditivo, eu sabia que estava sendo alvo de agressão deslocada, da raiva dela contra a velhice, e a redirecionava por meio de uma piada ou uma mudança de assunto. Quando um homem pigarreia, ainda acho desagradável, mas sei que faz isso porque, infelizmente, remover o catarro pode ser uma atividade bastante auto-reforçada.

No outono passado, enquanto cambaleava ao peso das tarefas de escrever este livro, dar aulas e preparar uma palestra, recordei uma cena que vi durante uma visita ao SeaWorld. Por uma hora inteira, eu tinha assistido de pé a uma espécie de festa no tanque das orcas. Os treinadores saltavam sobre grandes flutuadores quadrados, cor-de-laranja, que as baleias empurravam com suas imensas cabeças pretas. Os treinadores também mergulhavam na água e se seguravam nas negras barbatanas dorsais das baleias. As orcas os rebocavam pelo tanque muito azul. Não havia nenhuma razão aparente para tantos mergulhos, saltos, reboques e empurrões. Mais tarde fiquei sabendo que se tratava de uma sessão de brincadeiras. Os adestradores achavam que as baleias estavam precisando aliviar a pressão; algo como simplesmente relaxar e se divertir um pouco.

Eu queria muito empurrar uma jangada com a testa. Precisava desesperadamente aliviar a pressão. Tinha deixado meu animal, eu mesma, ficar cansado e frustrado. Um treinador jamais faria isso. Normalmente, eu teria continuado a trabalhar, mas a imagem das baleias e dos treinadores relaxando juntos me deu a inspiração de fazer algo diferente. Pulei na piscina e tirei a tarde de folga.

É evidente que pensar como um treinador de animais mudou para melhor minha maneira de ser, além de mudar meu casamento e minha vida. Mas isso não me tornou rica, não me transformou num gênio, nem me vacinou contra o azar. O destino ainda me bate com suas grandes patas e, de vez em quando, crava as presas em mim. Tal qual um animal selvagem, ainda que bem treinado, a vida continua a ser fundamentalmente imprevisível. Tenho cicatrizes que comprovam isso, principalmente uma bem recente e ainda sensível.

Quando Dixie tinha cinco anos, soubemos que um dos rins dela tinha atrofiado, enquanto o outro estava falhando. Durante um ano colocávamos em sua boca, duas vezes ao dia, um pequeno antibiótico branco. Dávamos a ela uma alimentação especial para facilitar o trabalho do rim que ainda funcionava. Segundo o veterinário, era difícil prever se ela ainda estaria conosco alguns meses ou alguns anos. O quadro é assim nas doenças renais. Torcemos pelo melhor. Era fácil fazer isso porque nossa esfuziante cachorrinha continuava um azougue, correndo atrás de *frisbees*, atirando-se nas ondas em busca de bolas de tênis e batendo com a cabeça em nossas pernas quando queria que lançássemos uma bola. Seus olhos cor-de-âmbar iluminavam nossa vida.

Uma manhã, quase três anos depois do diagnóstico, ela não levantou a cabeça quando entramos no quarto, nem mesmo quando peguei a guia para um passeio. Levei-a às pressas ao veterinário, que nos mandou para a sala da emergência. Lá, entreguei minha cadelinha agonizante a uma técnica vestida num macacão cirúrgico. Enquanto ela levava Dixie para longe de mim, ao longo de um corredor azulejado, vi os pêlos da nuca de minha filhotinha ondularem como uma saia de hula-hula e pensei se seria pela última vez.

Imediatamente, injetaram água destilada em sua circulação para lavar as toxinas que o rim já não conseguia remover. No dia seguinte, a clínica me telefonou para informar que ela estava comendo e alerta. Três dias depois, Dixie estava em condições de receber alta, mas com as horas contadas. Seis meses era o máximo que se podia esperar, segundo o veterinário, e só se pudéssemos tratá-la em casa. Voltamos para casa com um monte de pílulas, um saco de agulhas esterilizadas e uma caixa cheia de bolsas de água destilada. Todo dia seria necessário perfurar-lhe a pele e injetar-lhe meio litro do líquido.

Não era possível treinar Dixie para esse procedimento. Não havia tempo para aproximações, já que tínhamos de injetar nela uma bolsa inteira de água no primeiro dia de volta ao lar. Apesar disso, o treinamento ajudou. Embora estivéssemos nervosos, nunca deixamos isso transparecer, porque, caso contrário, ela saberia que aquela diálise de fundo de quintal era motivo de preocupação. Portanto, falávamos, brincávamos e entoávamos uma canção improvisada com seu nome. Eu me ajoelhava no chão e lhe pedia um comportamento já conhecido, o de pressionar o focinho contra minha mão fechada. Dessa maneira, eu conseguia que ela ficasse numa posição favorável para Scott segurar com facilidade um punhado da pele do pescoço dela e espetar a agulha. Eu lhe colocava petiscos na boca enquanto ela permanecia calma, às vezes sem piscar, e uma grande bolha de água ia crescendo em seus ombros. Depois disso, nós lhe lançávamos bolas para reforçar a idéia de que esses tratamentos noturnos eram uma coisa boa. Nosso plano funcionou. Toda noite chamávamos: "Água", e Dixie condescendia.

No princípio, Scott e eu nos alternávamos na tarefa de espetar agulhas na pele de Dixie, o que não era nada agradável. Embora conseguisse fazê-lo, eu ficava um pouco nervosa com a agulha. Tinha de espetá-la rapidamente, sem pensar muito na questão, para não perder a coragem. É compreensível que meu método deixasse Scott ansioso, principalmente depois que espetei a agulha através de um punhado da pele da cachorrinha e atingi a palma da minha mão do outro lado. A partir daí, toda vez que eu manejava a agulha, Scott ficava tenso, o que, por sua vez, preocupava Dixie e também a mim. Ele insistia em sempre espetar as agulhas. A princípio, meu primata interior se rebelou: quem era Scott para me dizer o que fazer? Depois percebi que precisava tornar positivas também para ele as sessões noturnas. Deixei as agulhas por sua conta.

Em pouco tempo, Dixie estava de volta à sua personalidade maníaca — puxando a guia como um cavalo em fuga quando saíamos para brincar de jogar bola e se lançando na porta de trás quando a chamávamos para passear de carro. Quando eu cuidava do jardim, ela ficava jogando uma bola de tênis dentro do buraco que eu estava cavando. No parque, perguntavam-me se ela era um filhote. O veterinário começou a chamá-la de cadela-maravilha. Contudo, não renovei a licença dela e não lhe substituía as tigelas, quando alguma se quebrava. Pelo verão inteiro fomos tirando fotos: de Dixie, das duas cadelas juntas, de nós quatro. Foram um verão e um outono de últimas vezes: a última vez que ela nadou no lago glacial perto de Cape Cod; o último Halloween, com Dixie fantasiada de Batgirl; o último Natal, abrindo presentes.

Quando atingimos e superamos a marca dos seis meses, na época das festas, comecei a pensar se Dixie chegaria ao nono aniversário, talvez até mesmo a outro verão no Maine. Fui à prefeitura e renovei sua licença. Deixei minha mente brincar com imagens em que eu jogava um *frisbee* para ela apanhar no lado oposto do gramado verde.

O primeiro dia de fevereiro foi cinzento, gelado e deprimente. Dixie pegou uma bola naquela manhã, até mordiscou um graveto, apesar de seu exame de sangue indicar que ela já deveria estar morta há vários dias. Com o passar das horas, seu passo tornou-se instável. Ela parou de comer. Começou a esbarrar nos móveis. Pedimos ao veterinário que viesse na manhã seguinte para sacrificá-la em casa. À tarde, quando a luz cor-de-âmbar desapareceu de seus olhos, tornou-se claro que não podíamos esperar mais. Nós quatro entramos no carro e dirigimos por uma noite gélida, sob a nítida luz da lua cheia. Durante todo o caminho, só pegamos sinais verdes no trânsito. Paramos apenas quando um ônibus, com o número 63 brilhando na escuridão, encostou junto ao meio-fio para deixar descer um passageiro solitário. Esperamos um homem curvado, de calças frouxas, atravessar lentamente a rua à nossa frente. No banco de trás, Dixie, com a cabeça abaixada, tentava se sentar para sua última viagem de carro.

Scott, Penny e eu acordamos na manhã seguinte numa casa silenciosa. Como um time que acabou de perder sua estrela, nós nos entreolhamos, pensando como iríamos continuar. Penny percorreu a casa procurando Dixie. Scott e eu enviamos e-mails aos amigos, levamos flores para o veterinário que nos prestou assistência e choramos sem parar. Atravessamos, cambaleantes, aquele primeiro dia, e então o dia seguinte, e daí para frente. Aonde quer que fôssemos, tudo nos recordava nossa menina dourada. Tínhamos muita saudade dela, porém acima de tudo sentíamos falta da magia que trouxe à nossa vida. A luz que brilhou tão intensamente sobre nós havia se apagado.

Pensar como um treinador não podia trazer de volta essa luz, mas ajudava. Dediquei-me a treinar a mim mesma para viver sem Dixie. Fiz uma aproximação de minha dor regulando as ações, primeiro isso, depois aquilo, sem Dixie. Pouco a pouco, voltei aos parques e às praias onde havia caminhado com ela, começando pelas menos favorecidas. Guardei para o verão as grandes favoritas: a LeCount Hollow, em Cape Cod; a Sandy Beach, de Long Island, em Casco Bay.

Pensei em comportamentos incompatíveis com o sofrimento, para poder aliviar um pouco minha imensa tristeza. Não podia soluçar e fazer compras ao mesmo tempo, portanto comprava furiosamente. Da mesma forma, Scott e eu comíamos fora sempre que desejávamos. O prazer da boa comida e a multidão agitada impossibilitavam por alguns instantes sentirmos a perda. Depois de anos falando sobre comprar ferramentas e uma bancada para consertar a bicicleta, Scott finalmente fez isso. Para ele, limpar engrenagens e regular freios era um comportamento incompatível com a saudade de Dixie.

Pela primeira vez, voltamos nossa atenção integral para Penny Jane. Nos cinco anos de vida, ela viveu sob a enorme sombra de Dixie, imagino que feliz. Quando ela era um filhote ainda assustado, não-socializado, acabado de chegar do canil, aquela sombra na verdade fora sua salvação. Não é que não a tivéssemos treinado. Nossa mestiça de border collie aprendeu a ser um cachorro muito bem-educado, que vinha quando chamado e ficava calmamente em pé enquanto colocávamos a coleira. Ela também cavava e levantava a pata quando pedíamos. No entanto, como segundo cão, não fora tão bem treinada.

Percebi que parte da grande alegria de ter Dixie foram todos os jogos que treinamos com ela. O Scott ensinou-lhe um jogo de futebol a dois em que ele tentava driblar com os pés, enquanto Dixie, fazendo círculos em torno dele, tentava roubar a bola. Eu lhe havia ensinado a procurar brinquedos escondidos pela casa e a chutar uma bola para mim com as patas dianteiras. O treinamento não só era divertido, como ainda fazia aflorar a personalidade da cadela e fortalecia nossa ligação com ela. Portanto, peguei uma bola e meu *clicker* e comecei a ensinar Penny Jane a agarrar um *frisbee* e a buscar uma bola de tênis. Scott, ajoelhado no chão, ensinou a cadelinha a colocar as patas dianteiras nos ombros dele e pegar um petisco em sua boca, o que sempre nos fazia rir.

Fomos ao parque e ensinamos a ela um jogo que há muito tempo tínhamos jogado com Dixie. Ficávamos a três metros um do outro e a mandávamos de lá para cá entre nós. "Vá para Amy", gritava Scott, e Penny Jane, com um grande sorriso na boca, a língua balançando, as patas dianteiras voando, corria para mim. "Vá para o Cachorrão", dizia eu, e ela girava, apoiava as patas brancas no chão e saltava de volta para Scott. A cada volta, Scott e eu dávamos alguns passos para trás, até estarmos tão afastados que não conseguíamos ouvir os comandos do outro. Eu via Scott apontar para mim, e Penny novamente se atirar em minha direção. Quando a mandava de volta a Scott, via a cauda encrespada se afastar de mim, um pequeno arabesco contra o céu azul. Naquele momento, sorri e minha dor diminuiu, e a magia de Penny Jane se instaurou: duas pessoas curando seus corações dilacerados, ao ensinar um cão a correr de um para o outro, a grande alegria de aprofundarmos nossa relação a três.

Como eu disse no início, o mundo é cheio de surpresas. E talvez seja essa, afinal, a lição mais importante que aprendi com os animais e seus treinadores.

AGRADECIMENTOS

Este livro tem uma imensa dívida para com o reino animal. Ela inclui uma longa lista de animais humanos, começando com aquele com quem sou casada, Scott Sutherland. O homem que se casa com uma jornalista é corajoso. Mais corajoso ainda é aquele que deixa sua esposa escritora falar dele e de suas esquisitices. Meu marido é tão ousado quanto um treinador de grandes felinos, sem falar que ficaria muito bem com um daqueles ternos justinhos e cheios de brilhos. A melhor maneira de lhe agradecer seria prometer nunca mais escrever sobre ele, mas, como escritora, não posso fazer isso. Só o que posso prometer é amá-lo pelo resto da vida. E isso eu prometo.

A próxima, minha editora na Random House, Stephanie Higgs, merece um balde de sardinhas — na verdade, um caminhão de atuns frescos. Entre outras boas ações, ela pegou o animal selvagem que era meu primeiro rascunho e o treinou para caminhar bem-comportado numa trela. Baldes de peixes também vão para todos os membros da equipe da Random House, que transformaram esse livro em realidade.

Sardinhas em profusão para minha agente literária, Jane Chelius; para as agentes cinematográficas Mary Alice Kier e Anna Cottle; e para minha assessora de relações públicas, Megan Underwood Beattie. Sou uma escritora de sorte, pois me relaciono bem com todas elas. Todos deveriam contar com mulheres tão competentes e divertidas.

Como este livro tem muitas ligações com o anterior, preciso agradecer a algumas das mesmas pessoas a quem agradeci no outro. O doutor James Peddie abriu o portão para um mundo que não só proporcionou material para dois livros, mas me levou por uma viagem que realmente me mudou para melhor. Também preciso agradecer mais uma vez à talentosa equipe do Moorpark College's Exotic Animal and Management Program, em especial à Mara Rodriguez, que respondeu por e-mail a muitas perguntas idiotas para este projeto.

Da mesma forma, mais uma vez contei com o conhecimento dos treinadores profissionais. Apoiei-me consideravelmente nos escritos de Steve Martin, da Natural Encounters, Inc.; no livro *Animal Training: Successful Animal Management Through Positive Reinforcement*, de Ken Ramirez, do Shedd Aquarium; e em *Don't Shoot the Dog!*, de Karen Pryor. Na verdade, sem Pryor, que foi uma pioneira e líder na transformação do treinamento de animais nos Estados Unidos, este livro não poderia ter sido escrito.

Como sempre, tenho uma grande dívida para com minha família e meus amigos. Tanto minha mãe, Joan, quanto meu irmão, Andy, deixaram, com muito espírito esportivo, que eu experimentasse neles o treinamento de animais; minha amiga e escritora, a maravilhosa Hannah Holmes, foi a primeira a ver nessa idéia a possibilidade de um livro, antes mesmo que ela virasse uma coluna de jornal; as minhas amigas Dana Baldwin, Nancy Bless, Becky Stayner e Elise Williams não só me permitiram incluí-las no livro, mas também me ajudaram a superar o pior momento, quando este golfinho aqui só queria mergulhar para o fundo do tanque.

Há menos de dois anos, apertei uma tecla no meu computador e enviei ao *The New York Times* um artigo sobre ter usado o treinamento de animais exóticos para melhorar meu casamento. Pouco depois, caiu em minha caixa de entrada uma resposta do redator Daniel Jones. Sua competente edição fez nascer a coluna que se transformou neste livro. Sardinhas para Daniel e para o *The New York Times*.

E assim chego aos animais propriamente ditos. Foram tantos os que influenciaram minha vida: meu primeiro cachorro, Curly, que adorava ir buscar um pedaço de pau; a velha senhora Schmoo, a fêmea de leão-marinho do Moorpark; o par de gaios-azuis que recentemente se dignaram a fazer as refeições em meu comedouro urbano; e, é claro, minha cadela vira-lata do Maine, Penny Jane. Mas nenhum deles afetou minha vida tanto quanto a maravilhosa pastora australiana, Dixie Lou. Numa idade em que há muito eu deixara de acreditar ou até de gostar de mágicas, a magia entrou na minha vida sob a forma de uma cadela de 22 quilos e olhos cor-de-âmbar. Com Dixie, descobri uma maneira diferente de ver o mundo, um novo jeito de me relacionar com todas as criaturas vivas e uma versão melhorada de mim mesma. Além disso, ela encheu de alegria minha vida diária, até nos momentos mais monótonos. Agora que ela se foi, não sei se voltarei a ser tão feliz, mas pelo menos eu o fui.

GLOSSÁRIO

A-PARA-B: o animal é treinado para ir do ponto A até o ponto B, obedecendo a um comando.

AGRESSÃO DESLOCADA: descarregar a raiva sobre um observador inocente ou um objeto.

AGRESSÃO ENSAIADA: quanto mais o animal agride, maior sua probabilidade de voltar a agredir. A prática lhe dá mais eficiência na agressão, o que o deixa mais inclinado a usar tal recurso, principalmente se vencer a disputa e obtiver o que deseja, digamos, não entrar na jaula ou afastar o apavorado treinador.

ANTECEDENTE: o que o animal faz antes de um comportamento. O camelo dilata as narinas antes de ter um ataque de fúria; essa dilatação de narinas é o antecedente do ataque.

APROXIMAÇÕES SUCESSIVAS: ensinar utilizando passos incrementais e seqüenciais.

ATRAÇÃO/ISCA: mostrar antecipadamente ao animal a recompensa a esperar por um comportamento. Por exemplo, mostrar uma cenoura para convencer o rinoceronte a passar por um portão aberto.

COMPORTAMENTO AUTO-REFORÇADO: comportamento que é agradável em si e, portanto, se reforça.

COMPORTAMENTO PLÁSTICO OU PLASTICIDADE: comportamento flexível ou adaptável que permite aos animais aprenderem depressa. Tipicamente, os animais sociais, como golfinhos e primatas, apresentam comportamento muito plástico.

COMPORTAMENTO SUPERSTICIOSO: comportamento resultante de um reforço acidental, dado por acaso ou por um erro do treinador.

COMPORTAMENTOS INCOMPATÍVEIS: comportamentos que impossibilitam outros comportamentos não-desejados. Uma orca não consegue apresentar a nadadeira na beira da piscina e ao mesmo tempo perturbar outra orca.

CONDICIONAMENTO OPERANTE: uma escola de psicologia fundamentada no conceito de que o aprendizado é condicionado por suas conseqüências.

CONTEXTO: todos os precursores e antecedentes que precipitam e/ou cercam um comportamento.

CONTRACONDICIONAMENTO: tornar agradável algo desagradável, associando-o a um reforço positivo. É uma forma de dessensibilização.

CRITÉRIOS: a meta específica do treinamento — por exemplo, a altura exata a que você quer que o golfinho salte.

DESPEJAR COMPORTAMENTOS: quando o animal oferece comportamentos aleatoriamente para ver se algum deles é recompensado com um petisco.

DESSENSIBILIZAÇÃO: acostumar o animal a experiências, coisas e lugares novos e potencialmente capazes de desestabilizá-lo.

ENRIQUECIMENTO COMPORTAMENTAL (E.C.): qualquer coisa que enriqueça a vida do animal no cativeiro, desde brinquedos até passeios na trela.

ESQUEMA DE REFORÇO VARIÁVEL: reforçar um comportamento de vez em quando, e seguindo um esquema imprevisível. Usado para manter os comportamentos aprendidos.

EXTINÇÃO: quando um comportamento desaparece por não ter sido reforçado durante longo tempo.

GENTLING: nome dado no mundo do circo ao treinamento com reforço positivo. Consta que era a abordagem proposta pelos treinadores de grandes felinos Mabel Stark e Louis Roth (mentor e depois marido dela).

GRANDE PRÊMIO: uma dose muito significativa de reforço positivo — como um balde de peixes, um punhado de ração animal, uma batata-doce inteira — dada quando o animal supera a expectativa.

HABITUAÇÃO: dessensibilização do animal para algo potencialmente perturbador, por meio da mera exposição ao elemento.

INSTINTO: comportamento inato ou natural, em geral benéfico para a espécie. Por exemplo, por instinto, os porcos desenterram raízes, os guaxinins lavam o alimento e as galinhas bicam objetos.

MARCADORES/PONTES: sinais que mostram ao animal o momento exato em que ele acertou um comportamento. Os treinadores de golfinhos usam apitos; os de cães usam um *clicker*; alguns usam uma palavra específica.

MIRAR UM ALVO: ensinar o animal a pressionar uma parte do corpo, em geral o focinho, contra um objeto.

PADRONIZAÇÃO: quando algo é feito em decorrência do puro hábito.

PRECURSORES: os acontecimentos ou circunstâncias que precedem ou precipitam um comportamento.

PUNIÇÃO: algo com que o animal preferiria não se envolver. A punição é usada para reduzir a freqüência de um comportamento.

REFORÇO POSITIVO: algo que o animal deseja, e pode, por conseguinte, ser usado para aumentar a freqüência de um comportamento.

SHAMU: como substantivo, é o nome dado pelo SeaWorld às suas orcas. A primeira Shamu foi capturada em Puget Sound, em 1965. Como forma verbal, ver páginas 42 e 43.

SÍNDROME DO TANQUE NOVO: executar num novo ambiente um comportamento já sabido pode fazer o comportamento se deteriorar.

SITUAÇÃO DE MÍNIMO REFORÇO (SMR): diante de uma resposta incorreta do animal, o treinador não apresenta qualquer reação por instantes, para não estimular aquele comportamento. Uma maneira neutra de dizer ao animal que ele está errado.

TREINAMENTO AFETIVO: termo usado em Hollywood para descrever o treinamento com uso de reforço positivo. Frank Inn, famoso pela série Benji, praticava essa abordagem.

TREINAMENTO COM *CLICKER*: no fundo, é o treinamento de golfinhos aplicado aos cães. Os treinadores usam o reforço positivo aliado a um marcador para informar ao cão que ele apresentou a reação correta. Em vez de soprar um apito, como fazem os treinadores de golfinhos, o adestrador produz um clique com um aparelho chamado grilo ou *clicker* — daí o nome treinamento com *clicker*.

TREINAMENTO INOVADOR: ensinar o animal a inventar novos comportamentos por conta própria, atendendo a um sinal.

VOLTAR PARA O JARDIM-DE-INFÂNCIA: recuar alguns passos no processo de treinamento.

SOBRE A AUTORA

Amy Killinger Sutherland é autora de *Kicked, Bitten, and Scratched* e de *Cookoff*. Seus artigos foram publicados nos jornais *The New York Times*, *Los Angeles Times* e *The Boston Globe*. Ela é mestra em jornalismo pela Northwestern University e divide seu tempo entre Boston e Portland, no estado americano do Maine. A autora vive com o marido, Scott, e a cadela do casal, Penny Jane.

Este livro foi composto na tipologia Minion-Regular,
em corpo 11,5/15, impresso em papel offwhite 80g/m²
no Sistema Cameron da Divisão Gráfica
da Distribuidora Record.